PAUL DU BROUTEL

~~~~~

SOUVENIRS

A SES PARENTS — A SES AMIS

~~~~~

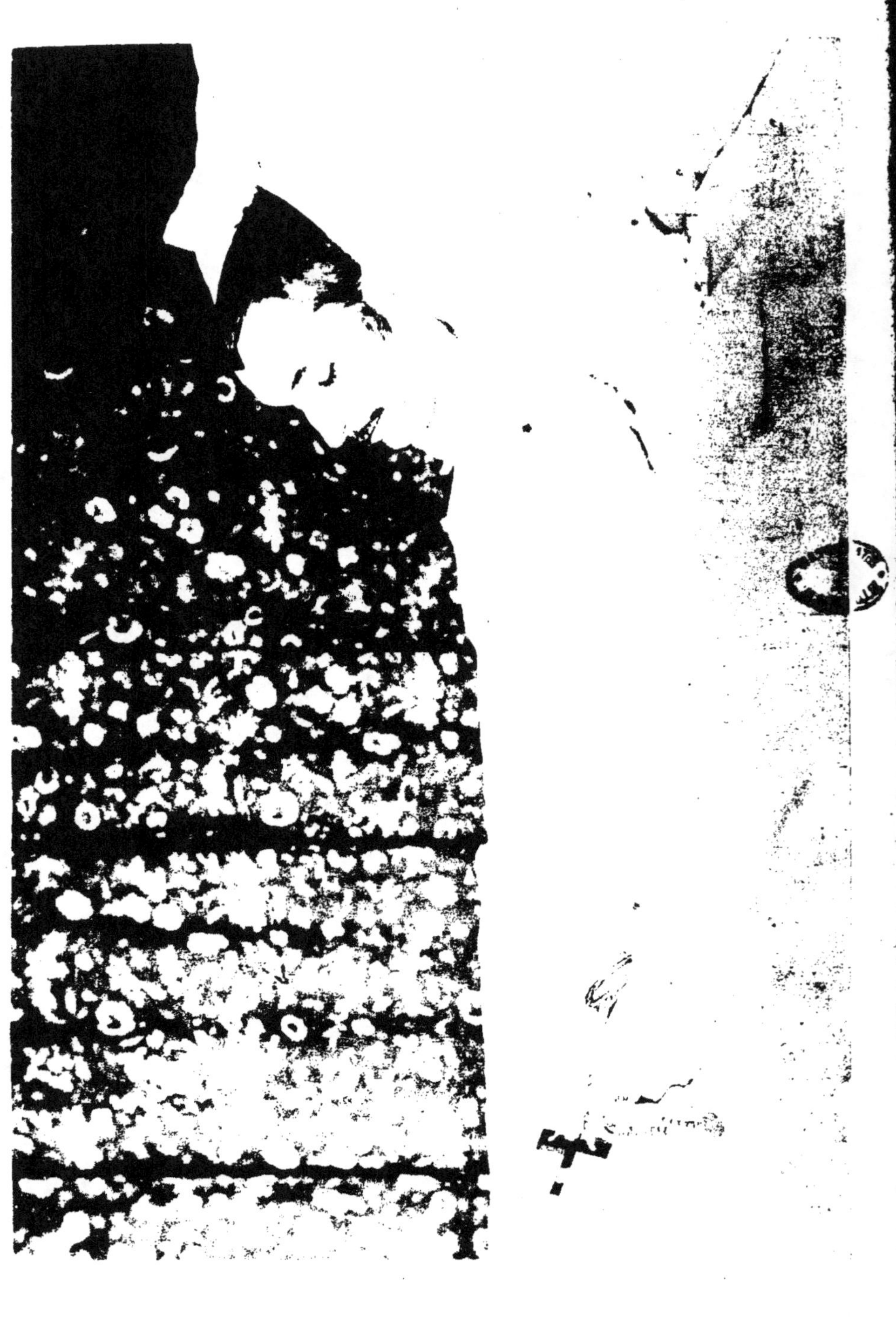

A. M. D. G.

PAUL DU BROUTEL

MORT LE 5 AVRIL 1891

A PAU

NOTICE SUR SA VIE

ABBEVILLE

C. PAILLART, IMPRIMEUR-ÉDITEUR

1893

AVANT-PROPOS

~~~~~~~~

La touchante image placée en tête de ce
livre en fait pressentir le but. Il est le souvenir d'une vie bien courte: c'est un jeune
homme de vingt-deux ans qui repose sur
un lit funèbre, ayant encore sur son visage
le reflet d'un dernier sourire aux pieux
symboles qui ont consolé son heure suprême. Pourtant cette vie de peu d'années
mérite de ne pas retomber dans l'oubli ;
elle garde, de la piété dont elle fut animée,
un doux éclat qui la préserve de l'obscurité.
La trame en est simple et ne la distingue
pas de toute autre existence prématurément terminée: une enfance aimable, une
adolescence heureuse, puis cinq années de
~~~~~~~~

maladie conduisant à une mort chrétienne,
on peut résumer en ces quelques mots tous
les traits superficiels de cette humble carrière. Mais si l'on en pénètre l'intimité, sous
la transparence des faits d'ordre commun, si
l'on découvre l'esprit chrétien qui en était
l'âme, on demeure étonné des merveilles
que la grâce divine a accumulées sur le frêle
fondement d'une jeunesse éphémère. La
hauteur et la solidité des principes, la
constance et l'égalité du caractère, l'ardeur
et la générosité des aspirations, la tendresse de la piété et la maturité des vertus,
de grandes épreuves à un âge où l'homme
attend la jouissance, l'empressement du
sacrifice au seuil d'une vie pleine de promesses, en un mot, l'histoire d'une jeune
âme chrétienne, n'est-ce pas un objet digne
d'attention et de souvenir ?

Ceux qui ont connu Paul du Broutel le
reconnaîtront dans ces pages, qui sont,
pour une grande partie, la simple repro-

duction de ses lettres et de ses paroles ; mais peut-être le comprendront-ils mieux encore, maintenant que son âme, dégagée de l'appareil terrestre et des circonstances matérielles, va se révéler toujours égale, toujours sincère dans les vertus qui ont rendu sa vie si sympathique et sa mort si édifiante.

Marie
garde ses Enfants

PREMIÈRES ANNÉES

Jean-Marie-Paul le Gaucher du Broutel naquit le 18 mai 1869, à Rue, dans le département de la Somme. Il avait été longtemps attendu : quatre sœurs le précédaient dans la vie, et sa naissance comblait les vœux de sa famille. Aussi fut-il accueilli avec une grande joie, que partagèrent tous les amis de ses parents.

On peut dire que les vingt-deux ans qu'il vécut, ne furent, pour son père et sa mère, qu'un héroïque combat, afin de protéger, contre la maladie et la mort, le don si cher que Dieu leur avait fait.

Le lendemain de sa venue au monde, Paul fut baptisé et consacré à la Sainte-Vierge. Toute sa vie ne fut que le progrès, l'épanouissement du double caractère sacré reçu par lui en ce jour.

A cette époque, le château où Paul reçut le jour, abritait de nombreux habitants. Le seul frère de M. du Broutel, marié depuis quelques années, n'avait pas encore quitté la demeure commune. L'oncle et la tante n'avaient pas d'enfants ; ils étaient pour leurs nièces et leur neveu comme un second père et une seconde mère. Deux sœurs de Paul moururent de bonne heure, deux autres naquirent après lui.

Sur toute la famille régnait une sainte et vénérable aïeule, gardienne des nobles traditions, conseillère toujours écoutée, lien vivant de tous les cœurs. Tant qu'elle vécut, on ne connut pas le chagrin ; la paix et la confiance rayonnaient de son âme, et enveloppaient tous les siens d'une sereine atmosphère impénétrable au malheur ; sa mort fut la grande douleur et le commencement des grandes épreuves.

Un fils unique de deux ménages, un seul frère de quatre sœurs ne risque-t-il pas d'être un enfant gâté ? Ici pareil danger n'était point à craindre. Les tendres attentions des parents n'eurent d'autre effet que de donner à Paul un sérieux précoce ; la compagnie assidue de jeunes filles lui forma un caractère posé, des allures paisibles, un langage aimable et réservé. Ces deux influences combinées firent de lui un petit homme, dès son enfance, et un petit homme charmant, sérieux aux récits toujours un peu graves de « grand'mère, » visiblement pénétré des leçons si chrétiennes de ses parents, plein d'amabilité aux jeux de ses petites sœurs.

Au commencement, l'enfant n'a point de vertus à lui, il tient tout de sa famille ; mais sa personnalité s'accuse peu à peu ;

quelques traits plus accentués lui font une physionomie ; certaines vertus acquièrent plus de relief, certains défauts les heurtent par un contraste plus violent. Le caractère sera la résultante de ces oppositions : favoriser le triomphe de la vertu sur les défauts, c'est tout l'art de l'éducation. Il appartient en grande partie aux parents de rendre facile ce travail, qui est aussi un combat, s'ils savent prévenir l'expansion du mal et provoquer la floraison du bien. Pour une si haute tâche, Dieu leur a donné l'autorité et l'amour.

Au Broutel, ces deux puissances étaient vigilantes et infatigables ; elles s'animaient l'une l'autre, plutôt qu'elles ne se tempéraient l'une par l'autre. Au premier abord, on eût jugé que l'éducation des enfants y était austère par-dessus tout ; mais on pouvait bientôt découvrir qu'elle n'était pas moins patiente et tendre. Il semble qu'on doive attribuer à cette discipline profondément chrétienne, l'heureuse enfance de Paul.

Il eut certainement ses défauts ; certainement aussi ces défauts étaient bien légers, car ils n'ont laissé aucune trace dans les souvenirs de ceux qui l'ont connu tout petit: parents, sœurs, amis, institutrice, domestiques sont unanimes pour lui en rendre témoignage.

Vraisemblablement l'énergie vigilante des parents et l'affectueuse docilité de l'enfant rendaient la répression si prompte et si facile qu'on pouvait en oublier le labeur et ne s'en rappeler que les fruits. « Je n'ai « pas oublié l'enfance de Monsieur Paul, « écrit sa vieille bonne, il avait un si bon « petit cœur ! » Et l'une de ses sœurs : « Il était le campagnon de jeux le plus « charmant qui puisse se trouver, tant il « avait bon caractère, et se pliait à tout ce « que désiraient les autres. »

Le regard sérieux des parents étudiait en lui l'apparition et le progrès de vertus plus solides : « Une droiture précoce, une « foi vive et déjà le zèle du bien. Il aimait

« le vrai et le juste ; on ne se rappelle pas
« qu'il ait jamais recouru au mensonge ;
« il avait en horreur toute fausseté. Il avait
« déjà la méfiance de lui-même, craignant
« de se tromper ; il avouait à sa mère, avec
« simplicité, qu'il aimait les conseils et les
« observations, afin de savoir ce qu'il de-
« vait faire, et de reconnaître ce qu'il
« n'avait pas bien fait. Ses jugements d'en-
« fant se signalaient par un instinct de
« justice ; on ne l'eût pas entraîné à for-
« muler une critique là où il ne voyait rien
« à blâmer. »

On se rappelle encore de ces délicatesses
de sentiments, charmantes dans leur expression enfantine. « Un soir, dit sa bonne,
« après la prière, j'arrive dans ma cham-
« bre, je le trouve devant la fenêtre : Gôl,
« me dit-il, je regarde le temps, grand'-
« mère est souffrante, que je voudrais qu'il
« fasse beau demain matin, quand elle par-
« tira pour la messe! Une autre fois je le
« trouvai tout en larmes, à genoux, réci-

« tant des *Je vous salue, Marie,* pour
« Monsieur son père, qui souffrait depuis
« quelques jours. Alors il avait à peine
« trois ans. »

Quelques années plus tard, son père et sa
mère étant en voyage, sa petite sœur Thérèse pleurait parce qu'elle « *s'ennuyait de
sa mère ;* » Paul lui dit : « Fais une prière
à la Ste Vierge, après tu verras que tu
pourras jouer. »

Après un séjour chez l'un de ses oncles
où plusieurs parents s'étaient trouvés réunis, « de toutes mes cousines, disait Paul,
« ce sont celles de Saint-Omer que je ne
« voudrais jamais contrarier, parce qu'elles
« n'ont plus leur petite maman comme
« nous. »

Les premières paroles d'un enfant chrétien sont gracieuses, les dernières seront
ardentes : c'est la même foi qui les inspire ;
c'est le même soleil qui pare l'aurore et
enflamme le couchant d'un jour pur. Combien sont précieux pour tous ceux qui l'ont

aimé, ces naïfs souvenirs du cher enfant, non seulement comme les parfums des joies passées, mais comme les témoignages des bénédictions divines qui ont fait son enfance aimable et sa jeunesse vertueuse.

PREMIÈRES ÉTUDES

Paul avait dix ans ; déjà il avait appris à
étudier sous la direction d'une institutrice
intelligente et dévouée ; puis son père, ti-
rant de la poussière ses vieux livres de collège, l'avait mis aux éléments du latin.
C'était un commencement de la vie sérieuse.

Le papa qui s'improvise professeur, n'est
pas facile à contenter : il y eut bien de
petites larmes après telle leçon mal dite,
après tel devoir mal rendu. Ainsi commence le combat de la vie. Combien de fois
l'enfant hâta de ses vœux l'heure de la promenade, nous allions dire : de la déli-
vrance !

Alors il n'était pas long à sécher ses
yeux ; son petit cheval l'emportait vers

Forestmontiers, nouvelle habitation de
« l'oncle Henri. » L'oncle Henri et la tante
Marie avaient quitté le Broutel, mais ils
n'en étaient pas séparés, puisqu'une petite
trotte de *Bergelette* portait Paul auprès
d'eux. C'était presque tous les jours le but
de sa promenade; le chemin était toujours
le même, on causait sous les mêmes grands
arbres, toujours des mêmes choses ; mais
entre des cœurs si vivants, si vibrants d'affection, l'uniformité n'est point monotonie.
On parlait de « grand'mère, des parents,
des grandes et des petites sœurs, » comme
s'ils ne fussent pas venus la veille à Forestmontiers. Après une bonne causerie l'enfant revenait, attendu par sa mère qui s'é-
tait réservé la leçon de catéchisme.

Ici plus d'ennui ni de peine : dans une
famille où la religion était si *vécue*, la doc-
trine chrétienne ne pouvait être que très
intéressante ; elle était la leçon d'idées
expliquant la leçon de choses.

Cette leçon était simple et élevée. Plus

tard, à Cantorbéry, le P. Flour, qui préparait Paul à la première communion, s'étonnait de le trouver merveilleusement ouvert aux choses religieuses. Prenant l'avance sur l'enseignement, il devinait les explications, les pressentait, les provoquait par des questions d'un à-propos très naïf. « C'est ma mère, disait-il, qui m'a habitué « à apprendre ainsi le catéchisme. »

Comme les premières difficultés du latin lui formaient un caractère résistant au travail, opiniâtre à la lutte, ainsi les premiers succès intellectuels dans l'instruction religieuse lui faisaient un esprit logique, réfléchi, curieux des raisons de toutes choses.

Avantage bien précieux aussi : ces leçons familières dans la forme, si sérieuses par le sujet, donnaient à l'enfant la véritable intimité avec ses parents. Il apprenait à connaître *l'âme* de son père et de sa mère, à leur révéler la sienne, sans timidité, dans ses plus profondes pensées ; il prenait instinctivement des sentiments d'estime et d'admiration pour ceux qu'il aimait déjà à cause de leur bonté ; il se confiait en eux avec d'autant plus d'abandon qu'il les trouvait aussi fermes et loyaux dans leur conscience chrétienne que dévoués et tendres dans leur amour.

L'ENTRÉE AU COLLÈGE

Dans une allocution aux élèves de la rue des Postes, le général Ambert disait que le collège chrétien est l'entre-deux nécessaire de la vie de famille et de la vie publique. « Après avoir dit : *maman*, avec le tendre « abandon de l'enfance, il faut apprendre « à dire : *mon Père*, avec une soumission « encore confiante et familière, pour savoir « dire ensuite : *mon général*, avec la défé-« rence et la dignité qui conviennent à un « homme de devoir et d'honneur. »

Mais il faut que le collège soit le prolongement de la maison paternelle bien plus que le commencement de la caserne; il faut que l'adolescent puisse réunir encore, sur les mêmes objets, sa soumission, son estime, ses affections.

M. du Broutel était un ancien élève de
Brugelette ; il avait connu par expérience
ce qu'un collège vraiment chrétien donne
de sécurité, et laisse de bons souvenirs. Il
fut donc décidé que l'éducation de Paul
serait confiée aux Péres Jésuites.

Avant d'avoir vu ses futurs maîtres, l'enfant les connaissait déjà par les conversations de son père, de son oncle, de leurs
meilleurs amis ; il leur vouait sa confiance
et se préparait à les aimer. L'expérience
qu'il fit de leur dévouement et de la salu-
taire influence de leurs conseils, se trouve
exprimée plus tard dans une lettre, où il
dit au Révérend Père du Lac : « J'ai lu
« dans l'*Univers* l'article de Drumont
« sur: « France. » C'est une excellente idée
« d'avoir réuni ces lettres si intéressantes
« qui rappellent si bien la manière de vivre
« des élèves de Cantorbéry et qui surtout
« font connaître si bien celui qui en est
« l'âme, et qui est tout à la fois, mère,
« maître et apôtre. »

Un évènement particulier allait rendre plus douce encore la transition de la famille au collège. Les décrets du 29 mars 1880 venaient d'être exécutés ; les Jésuites étaient dispersés, *manu militari*. Le Broutel accueillit avec empressement plusieurs des exilés de S'-Acheul, au mois de juillet, puis ceux du collège d'Amiens, au mois de septembre. Paul prit sa grande part des frais d'affection et d'amabilité pour cette cordiale et charmante hospitalité. C'était pour lui une acclimatation très facile à la nouvelle vie qu'il allait commencer.

Le premier projet de ses parents destinait Paul au collège d'Amiens ; ses deux sœurs aînées étaient au pensionnat du Sacré-Cœur dans la même ville ; d'ailleurs c'était assez près de Rue pour que la séparation fût compensée par des visites fréquentes. Au mois d'octobre 1880, il entra à la Providence ; mais il ne devait y rester que peu de jours : l'année à peine commencée, le collège était licencié par un coup de haine universitaire.

Alors quelques Jésuites de France s'é-
taient déjà installés en Angleterre, près de
Cantorbéry, préparant un asile à leurs enfants dispersés. Sans hésiter un seul jour,
M. du Broutel, se souvenant du volontaire
exil qui lui avait valu, à Brugelette, son
éducation si chrétienne et si française, ré-
solut d'assurer à son fils le même bienfait,
en lui imposant le même sacrifice. Paul du
Broutel, et son cousin, Louis de Monnecove, furent les premiers inscrits sur la liste
des élèves de Ste-Marie de Cantorbéry.

Le 22 novembre, le nouveau collège ouvrait ses portes. Certes, la *rentrée* man-
quait de solennité : quatre enfants en tout
commençaient les destinées de Ste-Marie ;
il fallait que les maîtres, les parents et les
enfants eussent, les uns dans les autres, et
tous ensemble en Dieu, une immense confiance pour ne point s'attrister en se voyant
si peu nombreux au rendez-vous du dévouement et de la fidélité.

La messe du St-Esprit fut célébrée le lendemain dans la belle chapelle de style anglais du moyen-âge, broderie de pierre sous un lambris de bois précieux. Consolée par la prière, fortifiée par le sentiment du sacrifice accompli, cette première journée appartint toute à la joie. Les parents étaient heureux de voir leurs enfants à l'abri des inquisitions et des iniquités académiques, aux mains des maîtres de leur choix ; les enfants enchantés de leur nouveau séjour, se promettaient d'y vivre une belle et joyeuse année.

C'était en réalité un gîte attrayant que ce *Hale's Place* devenu *S. Mary's Collège*. Un parc aristocratique, moitié en pelouses semées de moutons, moitié en forêts pleines de lapins, des avenues séculaires, l'esplanade avec des cèdres merveilleusement grands et beaux, le château avec ses plafonds peints et ses murs historiés offraient à nos jeunes Français habitués à de plus sévères bâtiments des agréments tout inattendus.

Cette belle demeure devait être bien aimée de notre Paul ; c'est là que son jeune
cœur goûta les grâces de Dieu, s'épanouit
aux pensées généreuses, se donna dans de
nobles amitiés. Il y venait pour apprendre
la vie avec le haut caractère que lui com-
munique la foi ; Dieu lui destinait, à son
insu, une leçon plus austère : celle de la
souffrance chrétienne et d'une sainte mort.

Ses jeunes compagnons partageaient ses
espérances ; plus d'un allait partager sa touchante destinée. Des quatre témoins de la
première et bien modeste fête de Ste-Marie,
trois ont déjà terminé leur vie terrestre,
moissonnés en pleine fleur, douloureux et
suaves prémices d'un printemps béni de
Dieu.

LA PREMIÈRE COMMUNION

Cette première année de collège, la onzième de son âge, réservait à Paul une grâce bien longtemps désirée : il allait faire sa première communion. Habitué qu'il était à la piété, intelligent des choses de la religion, il comprit que toutes ses pensées, toute la puissance de son cœur devaient se donner à la préparation d'une si haute et si sainte action, Il était aidé par un Père de rare mérite.

Le P. Flour, préfet du collège d'Amiens et professeur de philosophie pendant de longues années, avait la connaissance parfaite de la jeunesse ; absolument simple de manières et de langage, étonnamment clair dans ses paroles et ses jugements, d'un caractère robuste, d'un bon sens exquis, il avait une délicatesse de touche, une finesse de coup-d'œil, une fermeté de résolution, une patience d'exécution qui lui donnaient un grand empire sur les âmes. Sa droiture lui assurait l'entière estime des jeunes gens, sa bonté affectueuse au fond, un peu rude dans l'expression, lui attirait une affection d'autant plus confiante qu'elle sentait le dévouement uni à l'intelligence, la force égale à la tendresse. Il avait, jusqu'au seuil de la vieillesse, une piété d'enfant, comme naturelle et de premier jet, vive et aimante, sans minuties et sans recherches.

Il avait, en tout, deux enfants à diriger pour la première communion. Le compagnon de Paul, Guillaume de Durfort, venait du Mans, et savait à peu près le catéchisme de ce diocèse ; Paul avait appris, ou essayé d'apprendre, celui d'Amiens. De là une difficulté : il fallait étudier à nouveaux frais un catéchisme commun, car l'intérêt de l'émulation, plus encore que la commodité

de l'enseignement, exigeait l'uniformité.
La mémoire de Paul n'était pas brillante,
et le changement de catéchisme lui fut une
épreuve sensible. Apprendre des mots, des
formules, les retenir dans un ordre déter-
miné, constant, était une tâche au-dessus
de ses forces. Mais le P. Flour qui, dès les
premières leçons, découvrit ce désavantage
de son élève, s'aperçut aussi vite qu'il était
largement compensé par des ressources
intellectuelles inattendues à cet âge. Quand
il sut de quelle méthode avait usé Madame
du Broutel pour éveiller l'attention et la
piété de son fils, il se hâta de prendre la
suite des leçons maternelles.

C'était dans le parc, en se promenant
sous les arbres, que le Père expliquait, en
causerie familière, les mystères de la foi,
aussi appliqué à instruire ses deux communiants qu'il l'avait été jadis à enseigner ses
nombreux philosophes, aussi intéressé à
leurs naïves questions, aussi charmé de
leurs progrès. De ses nombreuses lettres de

cette époque plusieurs étaient pleines de gracieux détails ; malheureusement elles n'ont pas été conservées, et il ne nous en reste que l'impression générale.

Quand la leçon avait été très bonne, les deux enfants obtenaient, pour récompense, la permission de butiner les fraises, qui foisonnaient dans les clairières, ou de donner la chasse à quelque lapin audacieux qui s'était aventuré sur leur promenade.

Le résultat de cet enseignement ne pouvait manquer d'être parfait. Néanmoins l'examen qui décida l'admission des deux candidats à la première communion, eut un instant critique pour notre Paul. Il ne savait toujours guère la lettre du catéchisme ; aussi, quand le R. P. de Sesmaisons, recteur du collège, l'interrogea livre en main, le pauvre enfant parut-il d'abord fort emprunté ; la physionomie des juges devenait compatissante, mauvais présage ! Le P. Flour, souriant et sûr de son élève, intervint : « Permettez-lui, dit-il, de parler

« comme il comprend. » Dès lors l'examen ne fut plus une épreuve, mais un succès.

. Le cœur de l'enfant n'était pas moins attentivement préparé pour l'hôte divin de la communion. Dans les collèges des Jésuites les exercices de piété sont relativement nombreux. Sans doute leur brièveté, leur variété, les heures mêmes qui leur sont fixées, les rendent fort supportables aux enfants les plus jeunes et les plus légers. Mais la piété n'est pas uniquement la patience pendant la prière. Le P. Flour s'attachait à inspirer à son élève le sens et le goût des pratiques religieuses, à lui en apprendre la signification, à le guider dans l'accomplissement des divers exercices, pour qu'il sût en recueillir tous les fruits.

Bientôt même, aux exercices communs à tout le collège, Paul voulut ajouter ceux, plus intimes et plus fervents, de la Congrégation.

Il fut aussi admis au nombre des enfants

de chœur, élite de la sagesse et de la piété. Ainsi, à mesure qu'approchait le grand jour de la première communion, il multipliait les gages de son attachement à son Dieu.

Certes il les prenait au sérieux, et son attitude grave, respectueuse, pénétrée, dans le lieu saint, attestait la profondeur de ses sentiments. Ceux qui connaissent les enfants, jugeront que ce n'était pas seulement de la sagesse enfantine : le sens du respect, du respect de l'Invisible, ne se développe que dans une âme où la foi atteint déjà une maturité sérieuse.

Paul fit sa première communion en la fête de la Pentecôte.

Malgré la distance à franchir, et la mer à traverser, une grande partie de sa famille vint à Cantorbéry prendre part au bonheur de l'enfant, que l'éloignement rendait plus cher. La grand'mère elle-même ne craignit pas la fatigue du voyage ; son père, sa mère, amenant ses deux sœurs aînées,

Monsieur et Madame Henri du Broutel, Monsieur et Madame de Monnecove, avec une de leurs filles, qui bientôt allait se consacrer à Dieu, l'entouraient au pied de l'autel.

L'appareil de la fête était humble, et pourtant saisissant. On était sur la terre étrangère pour une solennité si française ! On avait voulu l'exil, on avait hâté la séparation, pour assurer aux deux enfants une sainte première communion, et on les voyait si beaux d'innocence et de piété ! Ce n'était point une tenue disciplinée par l'entraînement d'un ensemble, comme elle peut exister au milieu des longues files de communiants, dans les collèges nombreux ; non, ils étaient seuls devant Dieu seul : tout le rayonnement de leurs fronts n'était que le reflet de la divine présence, toute leur sainte émotion n'était que l'impression du mystère sacré, toute leur joie intime ne venait que du tabernacle.

Quand, après la messe, Paul vint au

parloir embrasser ses parents, il fut un
instant ses yeux baissés, mais cependant le
front haut et radieux, encore ravi dans le
sentiment du mystère qu'il portait en son
cœur. Tous garderont longtemps l'impression qu'ils ressentirent à sa vue, comme en
présence d'une apparition charmante de
grâce et de candeur. C'était la grâce désirée, la grâce achetée par une doulou-
reuse séparation : une première communion
sainte !

VIE DE COLLÈGE

La première communion ouvre une nouvelle phase de la jeunesse. Alors l'âme, comme l'autel, est pleine de lumières et de fleurs ; le mystère Eucharistique y reflète, comme les rayons d'une aube transparente, de chaudes et limpides clartés, il y fait sourdre de pures et nobles sèves. C'est le printemps fleuri, après la saison verdoyante ; c'est l'adolescence chrétienne.

Les qualités aimables de Paul vont s'épanouir en belles et attrayantes vertus ; sa force d'âme va trouver une expansion large et élevée ; la vie surnaturelle qui remplit son âme, devient ardente et commence à déborder.

Ce qui vaut à un écolier le plus de louanges, le succès de collège, ne laisse parfois

dans la vie réelle qu'une trace insignifiante.
Pour notre adolescent, le succès parut
n'être qu'une occasion de lutte patiente;
mais cette lutte fut grandement méritoire,
fructueuse même, si l'on en juge par le résultat final. En effet, les lettres nombreuses
qu'il écrivit pendant ses années de maladie,
sont d'un esprit juste, élevé, personnel,
d'une plume sobre, correcte et polie. Il a
une intelligence et une langue formées, et
l'une et l'autre sont bien à lui.

En des sujets de vaste envergure il montrait non seulement du talent, mais de la
supériorité ; « Ce cher Paul, écrit le pré-
« sident de l'Association de la jeunesse
« catholique, il nous a envoyé récemment
« un travail pour l'assemblée générale de
« Lyon, et c'est bien le meilleur, le mieux
« fait de tous ceux que nous avons reçus.
« Sa mort nous cause une perte irrépa-
« rable. »

Au collège il ne connut point l'encouragement de pareils avantages. Sa santé irré-

gulière le tint, chaque année, de longues
semaines en dehors des classes, ou à l'infirmerie, ou dans des vacances anticipées. Il
avait d'ailleurs une mémoire rebelle ; puis
il devait stimuler patiemment une certaine
lenteur, une sorte de timidité, de scrupule
de son esprit, qui ne savait s'assimiler que
des pensées absolument comprises et d'une
justesse éprouvée. Enfin, il fallait, pour le
faire briller, « le laisser dire comme il comprenait, » selon le mot du bon Père Flour,
qui l'avait si bien deviné.

Ces qualités étaient sans doute précieuses
pour l'avenir, au collège même elles assu-
raient à l'enfant un rang toujours hono-
rable parmi ses rivaux ; mais dans les
concours pour les distinctions les plus
éclatantes, elles étaient des conditions
d'infériorité.

Paul n'en parut jamais découragé. Il sentait en somme son esprit croître et mûrir ;
c'était déjà pour lui un stimulant efficace.
Mais, en outre, il aimait le savoir ; il ne lui

gardait pas rancune de l'accueil un peu
rude qu'il opposait à ses efforts ; il le pour-
suivait avec persévérance, comme une con-
quête de haut prix, digne d'un gentil-
homme chrétien. Quand il dut interrompre
ses études pour les soins que réclamait sa
santé, ne plus apprendre fut un de ses
grands chagrins. Il avait d'ailleurs, pour
soutenir ses efforts, un principe toujours
puissant sur une âme consciencieuse et
loyale : le sentiment du devoir. Il était de
ces enfants qui savent dire : Dieu le veut !
et goûtent dans la tâche accomplie une joie
pure et forte, meilleure que celle même
d'un succès facile. Ce fut là peut-être sa
vertu dominante, la cause de sa rare égalité de caractère et de sa grande force morale.

Un de ses condisciples, devenu religieux,
l'avait bien remarqué. « Son assiduité,
« son attention au travail, dit-il, étaient
« d'autant plus méritoires que la délica-
« tesse de sa santé avait exigé des inter-

« ruptions dans ses études, ce qui l'avait
« un peu retardé. Mais tout cela, il le fai-
« sait pour le bon Dieu ! »

Après son année d'humanités trop longuement interrompue et jugée insuffisante,
il vit ses camarades monter en première
division, lui restant avec de nouveaux compagnons à peine connus ; ce fut un gros
crève-cœur. Il en souffre, mais il reste courageux : le devoir qui lui crée cette épreuve,
est aussi sa force. « Il ne me sera plus per-
« mis de leur dire un mot, pas un ! Quelle
« triste année je vais passer ! Je t'assure
« que je ne vais pas m'amuser, seul comme
« un nouveau, dans cette division. Il faut
« pourtant obéir au règlement. Cher H...,
« je crois que le mieux, puisque nous
« sommes séparés, c'est de ne pas même
« nous écrire. Adieu, cher Ami, tournons-
« nous vers le bon Dieu, car sans lui nous
« n'aurons pas la force d'accomplir ce sacri-
« fice. Prions l'un pour l'autre. »

Le sacrifice fut bien autrement pénible

quand il devint définitif; il fut aussi bra-
vement accompli : Dieu le voulait !

« Mon cher Y..., si j'avais le choix,
« comme je volerais bien vite à Cantor-
« béry, pour vivre avec mes chers amis et
« partager leurs travaux. Nous eussions
« été sans doute séparés au collège ; mais
« nous aurions bien trouvé (autorisés par
« le P. Préfet, naturellement), un moyen
« de nous voir de temps en temps. Il ne
« faut plus penser à tout cela ; notre sacri-
« fice est fait, et nous sommes sûrs tous
« deux d'être là où le bon Dieu nous veut.
« Que faut-il de plus pour être heureux? »

Un autre de ses amis raconte que lui-
même, un jour, dans les rangs de la division, ayant été, innocemment ou à dessein,
bousculé par un élève dissipé, il se retourna
comme pour demander raison de cette
importunité. Il rencontra le regard de Paul
étonné et inquiet. Ce regard le contint dans
le silence ; mais à la récréation suivante
il vint encore ému lui demander l'explica-

tion de ce coup-d'œil si expressif : « En pa-
« reil cas, disait-il, tu aurais bien aussi perdu
« patience ? — Moi, dit Paul, je crois qu'on
« m'aurait tué plutôt que me faire bouger. »

Son voisin de classe en humanité avoue
« que souvent il essaya de le faire parler :
« alors il se tournait vers moi en mettant
« le pouce sur ses lèvres ; » c'était tout le
succès de la tentation.

On pourrait croire qu'une compagnie
d'enfants rieurs, souvent peu réfléchis, devait goûter médiocrement cette attitude qui
devenait une leçon. Ce serait mal juger
Paul et ses camarades. La jeunesse de Cantorbéry comprenait la vertu ; les plus légers
eux-mêmes l'estimaient comme la plus
noble chose, et aimaient un enfant assez
courageux pour lui garder une constante
fidélité. Et lui, au devoir qu'il prêchait par
l'exemple et les conseils, ne donnait-il pas
le charme et les grâces de sa candeur, de
sa distinction, de son amabilité ? Voici quels
témoignages on lui rendait :

« Je fis sa connaissance à Cantorbéry en
« 1883. Je fus frappé de son air franc et
« ouvert, de son affabilité, je dirai même,
» de sa distinction charmante. J'ai passé
« onze ans au collège, et je n'ai jamais vu
« un condisciple plus aimable et plus sym-
« pathique. Jamais je ne l'entendis pronon-
« cer de ces expressions écolières que l'on
« surprend parfois sur les lèvres des meil-
« leurs élèves. Il était, en outre, d'une par-
« faite égalité d'humeur, toujours joyeux
« camarade, toujours prêt à rendre service,
« à faire plaisir, quand la règle n'en souf-
« frait pas. »

Une popularité de bon aloi s'attache naturellement à un enfant si bien doué. Mais
si l'on découvre en lui un fond également
riche en droiture, de force d'âme, de jugement et d'affection, la confiance s'ajoute à
la popularité, et l'amitié se donne avec la
confiance : « Oui, grande, immense, était
« mon affection pour ce cher Paul ; mais
« grands et profonds aussi étaient le res-

« pect et l'admiration que m'inspiraient
« son énergie, sa volonté, son calme, en
« même temps que son impétuosité géné-
« reuse pour faire le bien autour de lui. »

Faire le bien autour de lui : c'était la tra-
dition du Broutel, le premier exemple qui
avait attiré son attention d'enfant ; c'était
l'ambition de son adolescence, ce sera sa
seule passion de jeune homme, et son seul
rêve d'avenir.

La confiance de ses compagnons d'études
allait lui donner qualité pour leur faire du
bien. Les membres de la congrégation le
choisirent pour la charge de Préfet.

La préfecture de la congrégation n'est
parfois qu'une dignité, parfois elle est une
puissance ; c'est le titulaire lui-même qui
en fixe le caractère. Paul comprit que son
titre de préfet pouvait avoir une haute por-
tée, et tout d'abord il en fut interdit et
effrayé. Il s'en ouvrit à son père, lui con-
fiant sa crainte de ne pas faire assez honneur à la Sainte Vierge, de ne pas être assez

utile à ses compagnons, lui demandant ses prières pour le soutenir dans ce nouveau devoir et sous cette importante responsabilité.

Son élection lui parut moins un gage de l'estime de ses condisciples qu'un appel de la Sainte Vierge à la servir, à l'honorer avec plus de ferveur, à la faire servir et honorer de tous, par son dévouement et son influence.

Il avait donc confiance et ardeur, malgré les appréhensions de son humilité, et ce n'est point sans une joie tout intime qu'il se donna à cette tâche aimée sans avoir été désirée.

Quelquefois dans une famille la confiance et l'affection spontanées des enfants concède au frère aîné une autorité sans droits positifs, et qui pourtant n'est jamais discutée, sans limites définies, et qui pour cela même est illimitée. Aucune investiture ne l'a couronnée, mais chacun la reconnaît ; elle s'est trouvée toute constituée, évidente, agissante, en même temps que l'un des frères s'est senti et s'est montré plus aimant. Sur un plus humble théâtre, c'est la scène touchante du lac de Tibériade : « Aimes-tu plus que les autres?... gouverne « tes frères. »

Paul aimait la divine Reine de la Congrégation, il aimait ses jeunes camarades ; ceux-ci comprenaient la supériorité de son affection, de sa générosité, de son dévouement. Sans charte, sans constitution jurée, l'influence de Paul se trouvait établie, spontanément agissante et spontanément acceptée.

« Pour tous il se dépensait journellement, joignant le conseil à l'exemple. Il abordait de lui-même les élèves dissipés ou paresseux, leur demandant de vouloir bien faire quelques efforts. Personne ne résistait à sa douceur, à son calme, à son exquise délicatesse ; et je connais plusieurs élèves qui lui doivent un changement complet, si grand était son ascendant. Aussi beaucoup venaient à lui dans leurs difficultés, même pour des sujets tout intimes, même sur des points de conscience. »

Dans ses absences du collège, ses lettres et son seul souvenir continuaient son action bienfaisante. Voici un fragment de réponse datée de Cantorbéry, 24 décembre, qui est un spécimen gai et sérieux de cette correspondance d'enfants :

« Mon bon cher Paul. Tu m'écris des lettres qui sont pour moi d'un vrai soutien, des lettres charmantes et édifiantes. Vois-tu, je voudrais bien t'avoir près de moi, pour me remonter, ou plutôt m'encourager, car je suis vraiment assez *monté*. Vois-tu, il y a des tuiles qui tombent sur la tête en donnant bonne envie d'envoyer tout se promener. Depuis deux mois je suis sage, comme une image, relativement, je travaille pas mal, tout allait bien, j'avais eu un premier témoignage une fois, dans deux jours j'allais avoir un nouveau premier témoignage qui m'ouvrait enfin la congrégation ;

car ces messieurs du conseil ne sont pas commodes, et il ne leur suffisait pas d'un premier témoignage isolé. Je touchais au comble de mes vœux ; j'étais réconcilié avec le P. Préfet, fâché avec moi depuis deux mois ; j'étais lancé enfin, et puis... crac ! Voilà que l'autre jour, au bain, je place trois mots mal à propos ; je suis pincé, et dimanche je vais avoir un *e*. Voilà, après deux mois d'efforts vraiment durs et sincères, je t'assure, au dernier jour, mon rêve qui s'écroule... pour trois mots ! Ainsi pour ce qui concerne la congrégation, le lancement dans les bonnes notes, etc., tout est à recommencer. C'est dans ces moments-là, je t'assure, que le découragement vient ; c'est alors que je sens ce que serait d'avoir près de moi un ami comme toi. Tu étais toujours un exemple et un conseil, et tu savais, d'un mot, nous relancer. Je n'ai jamais trouvé cela qu'en toi ; je n'ai ici aucun ami capable d'être, de fort loin, l'ombre de ce que tu étais. Comme ce serait

commode de prendre la vie en philosophe,
et de *s'asseoir sur tout cela*, comme me
disait l'autre jour un élève !

« Enfin je ne lâche rien, au contraire,
je crois que je vais aller mieux que jamais ;
car il faut bien se dire que l'on travaille
pour un but plus élevé... Cependant les
résultats de ce monde nous touchent aussi,
et la Congrégation !... etc. ! Je t'avoue que,
quand le P. Préfet m'a dit, ce matin, que
j'aurais un *e,* j'ai eu un moment d'exaspération. C'est passé, je vais me remettre à
l'œuvre courageusement, puisque tu me
dirais de le faire, si tu étais près de moi.

« Je vais prier pour toi cette nuit. Que
n'es-tu avec nous ! Je demanderai à Notre-
Seigneur de me donner du courage, de
m'aider à marcher, et aussi de te guérir
bien vite, pour que je ne sois pas privé de
toi plus longtemps. »

Quelles étaient donc les lettres de Paul
qui provoquaient de ces réponses pleines
de naïveté et de cœur ? La correspondance

de ces années n'a pu être réunie, il n'en
reste que des pages isolées ; mais aux
mêmes amis restés au collège il écrivait
encore des divers séjours que lui fixait sa
santé, et les nombreuses lettres écrites
après la séparation définitive ont été conservées. Elles permettent de pénétrer dans
l'intimité si profonde de ces jeunes chrétiens et d'esquisser une ombre au moins de
leurs âmes belles et aimantes. Aussi bien
peut-on croire qu'un jeune homme vaut par
sa manière d'aimer.

Au printemps de 1885, Paul éprouvé par
de violents maux de tête est obligé de quitter le collège pour le reste de l'année, il garde
le souci de tout le bien commencé, que son
absence va peut-être compromettre ; il le
recommande à l'un de ses meilleurs amis :

« Mon cher H... Il y aura après-demain
quinze jours que nous partions pour Lourdes,
mon père, ma mère, mes sœurs et moi...
J'ai bien prié pour toi à la Grotte, devant
la statue de la Sainte Vierge, et je t'assure

que pendant les trois jours de notre pèlerinage, les noms de B... et de H... sont bien
souvent revenus dans mes prières, l'un
amenait l'autre.

« En revenant nous avons visité le château de Pau, et nous nous sommes arrêtés
deux jours à Paris, pour voir ma sœur, à
Conflans, et pour aller encore consulter. Je
t'assure que j'aurais bien préféré ne pas
consulter : il n'y a plus aucun espoir que je
vous revoie avant l'année prochaine. Mon
cher H..., je peux le dire, je crois sans me
tromper : cela nous est aussi pénible à l'un
et à l'autre. Je sens que je devrais être à
Cantorbéry, je vois mes études interrompues, je tremble pour N... ; je pense que
peut-être des élèves que j'ai eus entre mes
mains, et qui auront la sottise (c'est le mot)
de ne pas écouter Ha..., retourneront à leurs
mauvaises notes et à leur paresse.

« Lorsque tu m'écriras, donne-moi, je
t'en prie, des nouvelles de N..., car je tiens
beaucoup à savoir s'il se conduit parfaite-

ment bien et qui il fréquente. Tâche de le voir beaucoup et d'avoir un peu d'influence sur lui ; qu'il fasse à peu près ce que tu veux sans qu'il s'en aperçoive.

« Le travail que vous donne le P. F..., ne doit pas être très agréable pour toi qui aimais les devoirs français ; mais j'espère que tu n'auras pas, pour si peu, des difficultés avec ton professeur. Adieu, mon cher H..., prie un peu pour moi, et crois toujours à ma sincère amitié. »

Une autre lettre entre dans les détails pratiques et dresse comme un plan pour le siège d'une âme douée de belles qualités, mais en péril de verser dans la dissipation :

« Tu me demandes ce que tu peux faire pour X... ; je te répondrai que cela m'est assez difficile à dire, lorsque je ne peux pas étudier de près la situation. Si j'étais là, je me chargerais volontiers de la chose : je fais ce que je veux du personnage ; pourquoi ? parce qu'il m'aime, qu'il a confiance en moi, qu'il a aussi le désir de bien faire. Il faut donc le voir le plus possible : tu n'as que ce moyen-là de réussir. Sois gai et sérieux en temps et lieu, suivant que tu vois qu'il est disposé ; et lorsqu'il te connaîtra bien, il fera comme moi, lorsque je t'ai connu : il sera ton ami. Lorsqu'on a l'amitié de X..., j'entends l'amitié sérieuse, on fait de lui ce que l'on veut, parce qu'il aime et estime le bien ; si parfois il ne le fait pas, c'est que le courage lui manque, c'est par légèreté, c'est parce que personne ne lui en suggère la pensée. »

Un autre jour, c'est un de ses amis qui lui a annoncé l'entrée de son frère dans la vie religieuse ; il en prend texte pour lui adresser un encouragement aussi élevé qu'il est affectueux :

« Mon gros chéri, j'espère que ma dernière lettre m'a réhabilité auprès de toi. Tu m'accuses d'être méchant ? Il est de fait que j'étais en retard avec toi. Ta lettre du 2 novembre était charmante, et elle m'a fait extrêmement plaisir. Quand tu écriras à ton saint frère, demande-lui de prier un peu pour ma conversion. La prière des saints va droit au cœur de Dieu. Comme frère d'un de mes meilleurs amis, il a tout naturellement une part dans mes prières. Quelle belle vocation, cher Y...! Si elle fait saigner ton cœur, à cause de la séparation qu'elle exige, quelle consolation de voir un de ses frères, ou une de ses sœurs, se consacrer si complètement au service du bon Dieu !

« Le bon Dieu ne nous appelle pas tous à l'état religieux ; mais il dit à tout homme : *Mon fils, donne-moi ton cœur.* Cher Y..., donnons le nôtre sans réserve, et que toute notre vie, quelle que soit notre carrière, n'ait qu'un objectif : Dieu !

« Puisque nous sommes dans le sérieux, je te dirai, maintenant que tu es bien persuadé que mon affection est toujours la même (et elle ne peut s'altérer, parce que sa source est près de Dieu,) je te dirai que tu dois te méfier des impressions subites que tu ressens au gré des circonstances. L'*Imi-*

tation parle beaucoup de l'inconstance du
cœur humain, qui, suivant l'impression,
change plusieurs fois par jour, tantôt aime
avec ardeur, tantôt retombe dans l'indifférence. Nous ne pouvons pas empêcher les
impressions, mais l'homme qui se possède
ne s'en laisse pas dominer ; sa volonté est
toujours la même, toujours droite, et il
laisse passer l'impression qui change.

« Cher Y..., je t'aimerai toujours autant ;
aime-moi un peu aussi, et prie pour moi.
Je t'embrasse de tout mon cœur. »

Un mois plus tard, Paul est consulté par
un enfant de son âge qui se dispose à choi-
sir un état de vie, et qui redoute de se découvrir une vocation trop haute à son gré.
Le ton de sa réponse devient grave comme
le sujet lui-même, et il y joint un accent de
tendresse pénétrante :

« Mon cher ami, merci pour ta bonne
lettre ; tu peux être sûr que mes prières ne
te feront pas défaut. Je sens trop bien tout
ce que ces moments de lutte doivent avoir

de pénible, toute la grandeur du sacrifice demandé ; et mon cœur, si uni au tien, souffre avec toi, comme si ta peine était la mienne. Cher ami, que ne sommes-nous ensemble ! Il me serait si doux de te consoler et de t'aider dans tes épreuves !

« Tu me demandes des conseils ; je te dirai simplement que je ne suis guère capable de t'en donner à ce sujet. Et puis, n'es-tu pas entouré de Pères qui te comprendront et te dirigeront parfaitement ?

« Je ne te donnerai qu'un conseil, mon cher ami, parce que je suis sûr qu'il est bon ; et il te fera du bien, j'espère. Tu sais que Dieu a eu un but en créant tout homme, et qu'il décrète la destinée de chaque homme en particulier : c'est à nous de correspondre à la grâce de Dieu et d'accomplir sa volonté. Toute la vie est donc en deux mots : *Ecce,* qui est l'offrande de nous-mêmes à la volonté de Dieu, et *Fiat,* qui est l'exécution de cette sainte volonté. Si l'homme ne fait pas ainsi, il renverse l'ordre établi par Dieu, et s'écrie : *Non serviam !*

« Cher ami, tu comprends où je veux en venir : à l'abandon complet de notre volonté à la volonté de Dieu. Il sait mieux que nous ce qui nous convient ; il veut notre bonheur : jetons-nous avec confiance, et de tout notre cœur, dans les bras de ce tendre Père, en lui disant : Mon Dieu, faites de moi ce qu'il vous plaira ; je suis votre serviteur, donnez-moi seulement votre grâce, elle me suffit.

« Oui, cher ami, voilà ce qu'il faut dire : Mon Dieu, faites de moi ce que vous voudrez ; je m'abandonne entièrement à vous.

« Tu me répondras que c'est bien facile à dire, mais que le sacrifice est pénible quand on arrive au moment décisif... et l'on recule. Tu sais bien, cher ami, que l'homme doit souffrir, du berceau à la tombe, et que, si l'on refuse un sacrifice, on en trouvera dix autres plus pénibles.

« Je ne t'en dirai pas davantage, mon ami, car, comme je te connais, tu m'as compris. Je t'en supplie, promets à Dieu de suivre ta vocation, quelle qu'elle soit ; et aussitôt que tu la connaîtras sûrement, suis-la avec confiance et courage : Dieu sera avec toi.

« J'espère que, lorsque tu recevras cette lettre, ton *Fiat* sera dit ; et, si Dieu t'appelle dans sa garde d'honneur, sois sûr qu'il t'aura donné la meilleure part. Je connais quelqu'un qui te verrait d'un œil d'envie, quoiqu'il ne sache pas encore à quoi Dieu le destine... Au revoir, cher ami de mon cœur ; écris-moi bientôt pour m'annoncer la fin de tes peines. »

Il pouvait, lui jeune homme de dix-huit ans, parler de ce ton sérieux ; et ses amis lui confiaient, pour avoir ses conseils, leurs plus graves pensées, parce qu'ils savaient son jugement sûr et élevé, parce qu'ils étaient accoutumés à trouver son cœur toujours sensible et sympathique à leurs peines. L'autorité que donne entre égaux la supériorité de l'affection, son dévouement

absolu et sa tendresse délicate la lui con-
ciliaient à une haute puissance.

Voici maintenant des gronderies très
franches, et que l'amitié devait néanmoins
accueillir sans honte et sans révolte :

« Les deux dernières pages de ta lettre
m'ont fait bien de la peine. Je t'aime si tendrement, mon ami, que je regrette tes
bêtises comme si je les avais faites moi-
même. Tu es un vrai enfant ; tu te fais méchant, quand tu es excellent ; mais ce qu'il
y a de plus fâcheux chez toi, c'est que tu te
laisses aller à l'impression du moment, sans
avoir le courage de résister et de dire : *Je
ne veux pas...* Tu n'as pas d'énergie, de
volonté. Un jour tu parleras comme un
saint, le lendemain comme un jeune
homme perverti, quoique tu n'en penses
rien. Est-ce là être un homme qui marche
vers un but qu'il veut atteindre ? Il faut
que tu te dises une fois pour toutes : *Je
veux.*

« Retiens bien que pour rester bon et

devenir meilleur, il faut : 1° *du courage,* 2° *du courage,* 3° *du courage,* et toujours *du courage.* L'homme est naturellement enclin au mal ; et, s'il est sans énergie, comme une poule mouillée qui se laisse entraîner par le courant, il est sûr qu'il ira du mauvais côté. Comment veux-tu faire quelque chose de grand et de noble plus tard, si tu n'es pas capable maintenant de résister à tes *bêtises,* et si tu n'es pas plus maître de ton cœur ?

« Je n'ai pas besoin de te dire où tu trouveras le courage nécessaire, pour cela et pour le reste. Élève plus souvent ton cœur vers Dieu ; et ce cœur sera guéri, au divin contact, de tous ces petits maux qui font bien souffrir. Va un peu plus dans le ciel par la pensée, et tu sentiras moins le poids de ton corps, qui te ramène toujours vers la terre. En un mot, sois saint, et pour cela sois courageux.

« Voilà un petit sermon qui, j'espère, te fera du bien. Je crois que, jusqu'ici, je ne t'ai pas assez grondé... Que veux-tu ? Si je ne te gronde pas, c'est que je t'aime ; si je te gronde, c'est que je t'aime encore. Je t'embrasse de tout cœur. »

S'il prêchait avec vigueur, il consolait tendrement :

« Mon cher ami. J'ai grand regret que le retard du courrier doive te faire attendre si longtemps ma réponse. Que je comprends, mon ami bien aimé, les maux du cœur, les déboires dont tu me parles. Confie-les-moi encore, s'ils reviennent ; et ne crains pas de m'importuner, mon ami ; je sais comme cela fait du bien, quand on souffre, de verser sa peine dans le cœur d'un ami, et tu sais si je t'aime !

« Quelle bonne et belle chose que l'amitié, dans le sens chrétien du mot ! Et cependant cette affection, que les hommes se donnent entre eux pour la rapporter à Dieu, n'est qu'une étincelle, comparée au foyer d'amour qui est l'essence même de Dieu. »

Si l'un de ses amis était reçu dans la

congrégation, voici de quelle manière, aimable et pieuse, il l'encourageait à tenir haut sa nouvelle dignité :

« Mon cher ami. Te voici donc enfin armé chevalier de la Sainte Vierge! Noblesse oblige, dit le proverbe. Aussi vas-tu te montrer digne du titre nouveau que tu portes, en mettant tous tes efforts à ne rien faire qui déplaise à ta DAME: *Neque contra te aliquid unquam dicturum aut facturum.*

« C'est-là le côté pratique ; et s'il en coûte parfois de rester dans le droit chemin, la peine que l'on se donne est amplement compensée par la satisfaction du devoir accompli et par le témoignage de la conscience.

« Et maintenant j'ai la joie de penser que nous sommes tout à fait frères, puisque nous sommes tous deux enfants de la Sainte Vierge, dans la même congrégation... »

Quelques passages de lettres à l'un de ses maîtres achèveront de fixer cette phy-

sionomie de mentor adolescent. Ils donne-
ront aussi une idée de ses relations vraiment filiales avec ses Pères du cher collège
de Cantorbéry.

« Mon Révérend Père. Que c'est donc
bon d'avoir un confident, un guide, j'allais
dire un ami, comme vous. Ce dernier mot
est certainement vrai, à n'exprimer que
l'affection que je vous garde ; mais il n'est
pas exact, sous le rapport des relations qui
nous unissent, puisqu'elles sont celles d'un
fils envers son père...

« Je suis bien attristé par N.,. C'est une
amitié qui me coûtera peut-être plus de
peine qu'elle ne me donnera de plaisir. Je
n'ai pas fait les premières avances, me dé-
fiant de l'avenir. Elles sont venues de lui si
ouvertement, si chaleureusement, que je
n'ai pas cru pouvoir refuser ce que d'ailleurs j'étais porté à donner. Tout alla parfaitement bien, tant que je fus à Cantorbéry. J'étais émerveillé de ce que le bon
Dieu permettait que je pusse obtenir de

mon ami. Notre affection était très-vive. Depuis, des silences prolongés, suivis d'excuses. Il est en ce moment dans une veine de silence, et je ne peux tirer un mot de lui. Pourquoi ? Je n'en puis trouver le motif, et j'en soupçonne plusieurs. Le malheur, c'est que ces longs silences sont généralement le signe d'un détraquement plus ou moins complet. Il n'ose me dire les sottises qu'il a faites ; et, pour être sûr de ne m'en pas parler, il n'écrit pas. Il y a donc double peine pour moi : celle d'être sans nouvelles de lui, et celle de penser que cela ne va peut-être pas bien, que je ne peux rien faire pour lui ; tout cela aggravé par une affection trop vive pour qu'elle puisse s'éteindre. Je vous parle ainsi, mon Révérend Père, parce que vous nous connaissez l'un et l'autre, et que vous pourrez me donner un conseil. Je voudrais tant lui faire du bien ! quoique, au fond, il soit peut-être meilleur que moi...

« Je suis toujours en correspondance

avec M..., qui me comble de lettres. C'est encore le meilleur des bébés, malgré la barbe qui doit commencer à lui pousser. Parfois je lui envoie des savons, et lui dis qu'il n'est qu'un misérable, parfois je lui dis qu'il est très bon, tout selon les circonstances. Il est toujours enchanté. Le sérieux et le calme viendront en leur temps, et il a déjà surabondamment tout le reste.

« Puisque je suis sur le chapitre de mes amis, figurez-vous que j'ai rencontré ici une tante de René de la C... Je peux donc causer avec elle de ce cher ami, que je regretterai toute ma vie. Il était vraiment trop bon pour rester sur cette vilaine terre; mais le vide qu'il laisse dans le cœur de ceux qui l'ont aimé, ne peut se combler. Je le prie souvent pour qu'il continue, dans le ciel, l'œuvre de ma conversion, qu'il avait commencée sur la terre... Je regrette bien de n'avoir pas trouvé, pendant mon séjour au collège, un ami comme René de la C..., dans ma division. Il m'a fait beaucoup de bien, mais nous nous voyions si rarement (1). Les autres venaient me demander, sans jamais rien donner. Je ne regrette nullement ce que j'ai fait, parce que j'espère que le bon Dieu aura bien voulu se servir de moi pour leur faire du bien ; mais il aurait fallu qu'on me rendît le même service, et j'aurais ainsi corrigé bien des choses qui n'étaient rien alors, et qui maintenant ont grandi avec le personnage... »

Oui, « Dieu avait daigné se servir de lui pour faire du bien. » Il avait élevé l'amitié de collège à la hauteur d'un apostolat.

(1) En priant sa sœur aînée de le reprendre de ses défauts, Paul lui confie quelles relations il avait liées avec ce R. de la C..., qu'il regrettait si vivement : « Je n'ai trouvé au collège qu'un seul élève, qui voulût bien me rendre le service que je te demande ; encore cet élève n'était pas de ma division. Nous étions tous deux préfets de la congrégation, lui en première division, moi en seconde. On nous demandait beaucoup de conseils ; mais personne ne voulait nous rendre le même service. Un jour je reçois, par l'entremise du P. Préfet, une lettre de l'élève en question. Cette lettre était cousue d'humilité, me demandant de le reprendre sur ses défauts. Moi, qui cherchais la même chose, je réponds sur le même ton, et nous nous sommes ainsi rendu les plus grands services. »

« J'ai détruit toutes ses lettres, à mon
entrée au noviciat, écrit un jeune religieux ;
mais si je n'ai plus aucun document de sa
main, du moins puis-je parler de lui en connaissance de cause. Je le connaissais beaucoup, je lui demandais souvent ses conseils,
soit de vive voix, pendant l'année, soit par
lettres, pendant les vacances ; et je puis
avancer sans crainte qu'il a été le premier
et peut-être le plus puissant instrument
dont Notre-Seigneur se soit servi pour
m'appeler à la vie religieuse. C'est à Paul
que je dois les progrès que j'ai pu faire,
avec la grâce de Dieu ; c'est lui qui me fit
entrer dans la congrégation, qui me dirigea
de ses conseils, qui me consola, me soutint
toujours, et cela, par les motifs si élevés
qui l'animaient lui-même. »

C'était une merveilleuse chose que l'amitié qui groupait ces enfants autour de Paul.
Elle s'était révélée extrêmement jalouse,
non pas du nombre, car ils étaient toute
une phalange, mais de la dignité de ses

adeptes. Elle avait des exigences délicates et absolues. « Sois très sévère pour tes relations, écrivait Paul à l'un de ses compagnons, qu'un changement de division avait un peu isolé ; ne pactise jamais avec le mal, quelque petite que paraisse la concession. Cher ami, qu'elle m'a fait de bien cette lettre qui m'a laissé pénétrer le fond de ton cœur! Je sens de plus en plus que nos âmes sont faites pour se comprendre. Je sens que de jour en jour je t'aime davantage, parce que tu n'as que de hautes aspirations. *Sursum corda!* ce sera notre devise ; en haut, toujours plus haut, jusqu'à la perfertion ! »

Ils étaient épris d'un idéal sublime de grandeur, ravissant de beauté : Dieu lui-même ! « Nous aimerions-nous, dis-moi, nous aimerions-nous tous deux, si le bon Dieu n'était pas l'unique lien de notre affection ? »

Unis en Dieu, ils étaient sûrs de leurs cœurs et ne pouvaient jamais douter les

uns des autres. Quelle franche saveur de
loyauté dans les expressions affectueuses,
dans l'intimité des confidences, dans la
liberté des conseils qu'ils échangeaient mu-
tuellement! Leur amitié se sentait impéris-
sable. Si même une déception cruelle la
jetait dans une sorte d'agonie, elle s'affir-
mait encore immortelle. « Peut-on passer
ainsi de l'affection à l'indifférence! Certes
je ne lui ménageai point mon amitié, du
jour où je la lui eus donnée. Je l'aimais
autant qu'il est possible. Mon existence
semblait devoir être pour toujours liée à la
sienne. Nos goûts étaient les mêmes, nous
avions les mêmes aspirations. Il a fallu que
cette fatale maladie vînt tout briser, nous
séparer de corps, et aussi, hélas! de cœur.
Mais non, pour moi, mon affection ne finira
jamais dans l'indifférence. »

Il gémissait ainsi, le noble cœur, sur le
tombeau d'une illusion aimée ; mais l'amitié voulait survivre, et refusait de s'y ense-
velir. Alors elle remontait vers Dieu, pour

reprendre vie au foyer qui l'avait animée :
« Dieu permet ces séparations, avec un
immense besoin d'affection, pour nous faire
sentir que Lui seul est capable de remplir
notre cœur. Rapprochons-nous, cher ami, du
cœur de Jésus : là est la tendresse infinie ! »

Le séjour de Paul à Cantorbéry comprend
une période de six années. Ce qu'on a lu
précédemment permet de juger combien
cette période fut heureuse. En beaucoup
d'enfants elle est déjà troublée, quelquefois
elle est flétrie ; comme les années sans
printemps, ces vies n'auront pas eu de
fleurs ; quelles espérances gardent-elles
pour la saison de la maturité Car c'est une
nécessité, du moins un bonheur inappré-
ciable, pour un jeune homme, que ses facul-
tés aient pu s'épanouir dans la joie pendant
les années encore tendres et faibles. Pour
aimer le bien avec enthousiasme, n'est-il
pas nécessaire qu'il en ait joui à plein
cœur ? Pour que la vertu soit toujours, à

ses yeux, belle et désirable, comme une
reine, ne faut-il pas qu'il l'ait vue et admi-
rée, qu'il la contemple dans ses souvenirs,
parée de fleurs immaculées et rayonnante
d'ineffables sourires? Mais comment cette
chose si frêle, qui est une âme d'enfant,
peut-elle se conserver sans meurtrissures?
Après la famille chrétienne, le collège chrétien retarde l'ère des combats sombres et
troublants ; il en écarte la provocation qui,
le plus souvent, part de l'entourage : « A
Cantorbéry, disait Paul, je n'ai jamais entendu une parole malsonnante. » Ainsi pro-
tégée, une âme d'adolescent peut concevoir,
dans toute sa pureté, l'idéal de la vie, et s'en
éprendre passionnément.

Paul connaîtra plus tard les luttes de
l'âme, et il les soutiendra avec bravoure ;
mais au collège sa vie fut paisible, le trésor
de son innocence était gardé sans alarmes ;
toutes les sèves de son printemps étaient
absorbées par sa croissance morale et son
heureuse floraison.

Son obéissance se livrait, avec un filial abandon, à des maîtres qui avaient toute son affection et toute son estime. Dès son bas âge, il était accoutumé à ne point séparer ces deux sentiments ; il avait toujours vu les mêmes êtres, aussi sages que dévoués, mériter sa confiance et attirer son amour.

Quiconque a lu la correspondance, familière et élevée, du P. du Lac, réunie dans un livre charmant sous le titre de FRANCE, peut se faire une idée des relations qui liaient, à Cantorbéry, les Pères et les enfants. Ceux-ci devaient avoir la docilité bien facile, car ils voyaient l'autorité bien aimable.

Sans doute Paul avait une égale soumission à tous ses maîtres, et il leur témoignait un respect et une déférence toujours fidèles. Il les inspirait à ses amis : « Cher Y..., écrit-il, je te le déclare une fois pour toutes : si jamais une phrase, un mot de mes lettres était en contradiction avec la parole d'un

Père, ne tiens aucun compte de ce que je t'aurais dit. »

Mais sa docilité franchissait les limites de l'obéissance ordinaire, quand il avait deviné en quelqu'un de ses Pères un cœur plus prêt à le comprendre et à seconder ses aspirations. Aussi bien il avait une sorte d'instinct délicat qui le menait droit, et sans hésitation, à la source des meilleurs conseils et des plus hauts encouragements. Nous avons vu, par une lettre citée précédemment, de quelle sorte il savait en user.

La jeunesse a des faux pas, *des glissades.* Des meilleurs amis de Paul eurent besoin qu'il leur tendît la main dans leurs périls. S'il en fut mieux gardé lui-même, n'est-ce pas pour s'être livré plus filialement aux mains paternelles qui le soutenaient?

D'ailleurs, on se souvient qu'il aimait à être averti et repris. Sa défiance de lui-même, rare qualité dans un jeune homme, était sincère, quoiqu'elle ne fût pas inspirée par la timidité, et ne le paralysât aucunement. A lire ses lettres, on le croirait plutôt hardi ; et il l'était réellement, lorsqu'il était sûr d'être dans le vrai. Mais il ne s'en rapportait pas à lui seul. C'est bien souvent que reviennent, dans sa correspondance, des paroles comme celles-ci, écrites à sa sœur aînée : « Puisque le bon Dieu permet que nous soyons unis d'une manière qui doit certainement lui être agréable, je te prie de faire que j'en profite, en me conseillant, en me reprenant de mes défauts, sans jamais craindre de me blesser, sans ménagement pour mon amour propre. »

Cette disposition à se laisser reprendre ressemble de près à l'humilité. Eh bien ! oui, Paul sentait le goût surnaturel de cette vertu. Il n'avait pas seulement la modestie qui convient à un enfant ; il avait le mépris de lui-même, la crainte des louanges, que la grâce divine donne aux âmes assez hautes pour s'élever au-dessus d'elles-mêmes et de la vanité.

« J'espère, écrit-il à l'un de ses amis, que

tu ne m'enverras plus de ces lettres où tu
me donnes des vertus que je n'ai pas. Heu-
reusement un petit retour sur moi-même
suffit à me faire sentir que je ne suis qu'un
pauvre pécheur. Si je croyais ce que tu me
dis, je mourrais d'orgueil ; et je demande
tous les jours au bon Dieu de me donner un
peu d'humilité. Je t'en prie, mon cher ami,
plus de ces louanges, parce que alors je
t'écrirais des lettres sur la pluie et le beau
temps : car je me doute que c'est ma dernière qui m'a valu cela. »

Un jour, revenant de se confesser à la
paroisse de Rue, il disait à sa mère, d'un
ton fort grave : « Monsieur le Doyen ne me
connaît pas ; quand j'ai fini ma confession,
il me dit : Je me recommande à vos bonnes
prières ; il devrait plutôt dire : Allez-vous-
en, misérable ! »

Dieu aime que nous reconnaissions sin-
cèrement notre misère ; et Il relève jusqu'à
Lui les cœurs qui s'abaissent. Pour eux Il
se fait plus accessible et plus doux.

La piété de Paul s'était développée depuis les leçons du P. Flour ; elle était agissante et pratique, pénétrant toutes ses pensées et animant toutes ses affections des principes de la foi. « Nous ne devons pas nous occuper de Dieu seulement à la chapelle, écrit-il à un ami. Il doit remplir tous les instants de notre vie et la surnaturaliser. »

Le surnaturel ! n'est-ce pas le vrai remède de la nature défaillante ? N'est-ce pas dans le surnaturel de ses pensées, de ses amitiés, de ses ambitions, que notre aimable adolescent gardait, comme dans une région inaccessible à toute basse influence, la sérénité de son caractère et la pureté de son cœur ?

Sans doute il était armé d'une rare énergie : « Je ne sais guère ce qu'est le découragement, disait-il, je suis opiniâtre, même têtu. » Il se possédait en outre parfaitement, ayant un grand empire sur son esprit lui-même : « Je me distrais facilement des pensées qui m'obsèdent, et elles ont peu de prise sur moi. » Certes, une nature si bien douée a de grands avantages dans la lutte pour la vertu. Mais ce courage même, et ce calme dans la force lui viennent de l'espérance en Dieu, d'une certaine union de cœur avec Celui qui est, par essence, immuable et incorruptible : « Oui, j'ai une confiance illimitée en Dieu ; au fond de mon cœur je ressens toujours l'espérance, et j'aime à dire, quand je suis tenté : Je vous glorifierai, Seigneur, dans ma bassesse. Voilà mon secret. » Ainsi écrivait-il à un ami qui lui avait confié les effrois de sa conscience aux prises avec les premières tentations de la jeunesse.

La meilleure ressource des grands cœurs, leur défense tout ensemble et leur stimulant, c'est la passion du bien. Elle fut le mobile constant de Paul ; elle est manifestement le trait saillant de sa vie. Elle l'encourage au travail, tant qu'il a des forces pour travailler ; elle occupe encore son esprit de hautes pensées, et émeut son cœur par les plus beaux projets, lorsque la maladie le condamne à l'inaction. La vie est pour lui autre chose qu'une jouissance ; il la conçoit comme une grande mission de dévouement. Avec ses amis il avait formé une sorte de conjuration, hardie comme la jeunesse, et généreuse aussi comme elle.

Dans leurs conversations du collège, et dans leurs lettres des vacances, leurs ambitions de dévouement franchissaient les limites de leurs relations actuelles ; elles s'élargissaient de toute l'étendue de l'esprit patriotique et du zèle chrétien. « Préparons-nous », est le mot qui revient souvent dans ces lignes où se mêlent tous les bons sentiments.

Lorsque le comte de Mun faisait une visite à Cantorbéry, où ses enfants poursuivaient leurs études, il adressait volontiers son éloquente parole à cette élite de jeunes Français. Il les initiait aux besoins de la patrie, aux devoirs des classes riches, aux misères des travailleurs, aux plans de salut social déjà tracés, aux problèmes à résoudre dans un prochain avenir. L'émotion des cœurs, après ces beaux discours, restait longtemps vibrante, et longtemps animait les entretiens d'un souffle généreux. L'Association de la Jeunesse catholique naquit de ces communications d'un grand cœur avec la petite famille française jetée par la persécution sur un coin de l'Angleterre. Elle devait être la pépinière des hommes nouveaux à qui échoit la tâche de reconstituer la patrie ; elle a grandi, elle a soutenu, sans fléchir, l'orage des insultes ; maintenant elle est déjà un taillis vigoureux, où bientôt grandiront les chênes.

En outre de l'admiration qui s'imposait à tous, un attrait personnel attachait Paul à M. de Mun. Bertrand de Mun était de ses premiers et de ses plus chers amis ; le comte lui-même et la comtesse de Mun l'avaient pris en grande affection, et lui en prodiguaient les témoignages les plus bienveillants.

Sorti du collège, il se hâta de donner son

nom à la vaillante association de la jeunesse catholique ; et, autant que ses forces le lui permirent, il lui apporta la fidèle contribution de ses travaux, non sans succès, ainsi que nous l'avons déjà remarqué.

Mais il avait ses pensées à lui ; avec son bon sens pratique, il cherchait, d'instinct, l'application concrète des belles idées qui enthousiasmaient son âme. Il se dessinait son plan d'action sociale, d'abord assez vague, puis de plus en plus précis et complet. Le problème de sa vocation n'était pas encore résolu ; la vie religieuse l'attirait par les plus délicates fibres de son âme, ainsi qu'il en faisait la confidence à l'un de ses amis ; il y songeait souvent devant Dieu ; déjà malade il attendait de pouvoir examiner, dans une retraite, cet attrait mystérieux ; il était et s'avouait tout prêt à suivre la volonté divine, dès qu'elle lui serait connue ; et cependant c'eût été pour lui un grand sacrifice : son cœur n'allait point tout entier à cet objet, il demeurait retenu par un autre objet toujours aimé : le Broutel.

Le Broutel, c'était moins le berceau avec
les charmants souvenirs de l'enfance, que
le foyer avec les grands devoirs de l'avenir.
Il rêvait d'en continuer et d'en élargir les
belles traditions, d'en faire le centre d'une
vaste action catholique, d'en régénérer au
loin les alentours. Entre cet idéal et la vocation religieuse, entre ces deux apostolats,
son âme demeurait indécise ; mais instinctivement, aux heures de calme, elle se
reposait toujours dans le rêve du Broutel.

Parmi ses camarades et ses connais-
sances il se cherchait déjà des auxiliaires
et des confidents ; il se renseignait sur les
caractères, jugeait les aptitudes, appréciait
les espérances probables, et organisait une
sorte de réseau d'influences bienfaisantes
qui devait couvrir le pays. Toutes ses pensées concouraient à ce but ; il était toujours en éveil, attentif à recueillir les
éléments de l'œuvre future. Ce qu'il voyait
de bon dans les diverses contrées, sa cor-

respondance en fait foi, lui suggérait promptement quelque entreprise analogue, ou du moins l'animait d'une généreuse émulation.

Ici, il nous faut évoquer une aimable figure, qui avait sa grande place dans les pensées, les espérances et l'affection de Paul.

En tête du groupe d'amis dont il étudiait les idées en vue de l'avenir, parmi les plus chers qui méritaient sa plus sérieuse confiance, était son cousin, Louis le Sergeant de Monnecove. Louis et Paul étaient deux fois parents, car Madame de Monnecove était cousine germaine de M. du Broutel, et Madame du Broutel était la sœur de M. de Monnecove ; mais, en outre, une égale ardeur de foi chrétienne, la communauté d'idéal, les dissemblances mêmes de leurs caractères, qui semblaient faits pour se compléter l'un l'autre, unissaient étroitement les deux jeunes gens.

Louis était de quelques années le plus

âgé. Son enfance avait fait la joie de ses dignes parents ; sa jeunesse promettait d'être leur honneur. Sortant de Cantorbéry, il avait été l'un des membres fondateurs de l'Association de la Jeunesse catholique ; étudiant à Paris, il donnait tous ses loisirs à la charge de secrétaire de cette noble ligue, et, sous la direction du comte de Mun, faisait l'apprentissage de la vie militante ; ses études finies, il voulut que son premier acte viril fut un acte chrétien : il courut à Rome offrir, aux pieds du Pontife, Roi et Père, l'hommage de sa vénération, de ses services et de son amour.

Le Vicaire de Dieu bénit ce gage filial d'une vie promise à sa cause ; Dieu, qui voyait la sincérité de l'offrande, accepta tout le sacrifice. Louis revint de son pèlerinage, portant le germe d'une fièvre mortelle. En peu de jours tout fut consommé.

Ce coup terrible émut douloureusement Paul du Broutel, comme parent et comme ami. Tant d'affections, qui le touchaient de si près, restaient désolées pour toujours auprès de ce cher tombeau ; tant d'espérances s'y étaient ensevelies !

En cette circonstance il écrivit au R. P. du Lac la lettre suivante, datée de Madère :

« Mon Révérend Père, de quoi vous parlerai-je, sinon du deuil qui pèse si lourdement sur notre famille. La pensée de la mort de ce cher Louis ne me quitte pas. Il a été enlevé si vite à notre affection, lui qui était si gentil, si bon ! N'est-ce pas en effet mon frère que j'ai perdu, frère aîné qui m'aurait montré le bon chemin et qui m'aurait aidé à le suivre. Je me demande vraiment comment font les gens sans religion, lorsqu'ils ont un grand chagrin. Quand on ne peut se réfugier près de Dieu, il me semble qu'il ne reste plus que le désespoir. Mon oncle et ma tante ont été, paraît-il, admirables tous les deux. Du reste, vous savez tout cela mieux que moi, mon Révérend Père, vous qui êtes allé soutenir leur courage, au moment de la terrible épreuve.

Voilà bien des rêves d'avenir qui s'évanouis-
sent pour moi, avec la mort de mon cher
Louis. Je n'ose plus regarder l'avenir parce
que je ne suis pas prêt, et cependant j'ai-
merais mieux mourir que de mener une vie
inutile. J'ai à mon actif les basses classes
jusqu'à la seconde, mais ce ne sont que des
demi-classes que j'ai faites. Devant moi
l'avenir, du moins les médecins me le pro-
mettent. Quand pourrai-je travailler sérieusement et être bon à quelque chose, je ne
sais. Pour le moment je ne vois pas la situation belle. Ne croyez pas cependant que je
murmure ou que je m'attriste. J'ai appris à
Cantorbéry comment on doit souffrir et je
remercie le bon Dieu de me juger digne de
souffrir quelque chose pour son amour. Je
suis gai et content, mais cela ne m'empêche
pas de souffrir et je n'ai pas hésité à vous
confier mes peines, à vous qui les compren-
drez. »

Pour se résigner à la séparation imposée
par la mort, il a besoin de faire appel à

toute sa soumission accoutumée pour la volonté de Dieu. Encore n'est-ce point en peu de jours que ses regrets s'apaisent : ils se font sentir aussi vifs et profonds, dans ses lettres intimes, après des mois et même des années. Loin d'oublier celui qu'il a perdu, il comprend de plus en plus que la perte est irréparable, et laisse un vide énorme dans son avenir, comme maintenant dans son affection.

Il ne prévoyait pas encore que sa destinée allait devenir semblable en tout à celle de son cher Louis. Dieu, qui avait allumé dans ces jeunes âmes de si ardents désirs, qui les avait si bien armées pour les bons combats, qui les avait splendidement douées pour les nobles travaux, leur avait préparé à toutes deux la couronne au seuil même de la carrière. Pour leur part de coopération dans l'œuvre à laquelle ils voulaient se dévouer, Dieu attendait d'eux bien plus que le travail et le combat : le sacrifice de leurs joies présentes et de leurs victoires futures.

D'autres auront consacré leur vie à la reconstitution sociale, au relèvement de la religion et de la patrie. Peut-être ceux-là n'ont-ils pas moins donné à l'œuvre commune, qui lui ont offert l'appoint du sacrifice et le mérite de leur mort.

LES ANNÉES DE SOUFFRANCE

La santé de Paul avait toujours donné
des inquiétudes. Avant de le mettre au collège, ses parents l'avaient confié à la Sainte
Vierge, dans un pieux pèlerinage à Lourdes;
leur prière fut en partie exaucée. Comme la
vie présente n'est que le chemin du ciel, ils
obtinrent à leur enfant assez de vie pour
assurer son éternité bienheureuse. Il put
entrer au collège, et y demeurer assez pour
sa sanctification.

Dès la première année, une coqueluche,
puis une douleur au genou mêlèrent aux
joies des vacances un peu de tristesse. Dieu
le préparait insensiblement aux sacrifices
qu'Il lui réservait ; Il lui révélait déjà le
sens providentiel de la douleur. « Si cette
infirmité ne guérissait pas, disait l'enfant,

j'en serais bien peiné ; mais si elle devait me préserver d'offenser Dieu, je l'accepte de tout mon cœur. »

Il n'eut ensuite que des répits, d'abord assez paisibles, puis de plus en plus courts. Toutes ses années d'études furent interrompues : une croissance trop rapide, des maux de tête persistants, des lassitudes invincibles le condamnaient au repos et aux longs séjours à l'infirmerie, ou même l'obligeaient à rentrer dans sa famille. Sa classe d'humanités fut arrêtée dès le mois de février ; un pèlerinage à Lourdes et une saison à Saint-Nectaire lui rendirent assez de forces pour retourner, en octobre, à Cantorbéry. C'était pour ses adieux. Un grave accident survenu au printemps manifesta une extrême faiblesse de poitrine ; l'imminence du danger détermina le retour de Paul à la maison paternelle.

Le Broutel était bien changé depuis deux ans. Deux fois, dans l'espace de quelques semaines, la mort l'avait visité. La grand'-

mère de Paul était allée, la première, auprès de Dieu, recevoir la récompense de sa longue vie de piété, de courage et de charité. Tous ses enfants et petits-enfants l'entouraient à sa dernière heure, recueillant avec vénération ses dernières paroles. A son petit-fils elle disait : « Mon enfant, souviens-toi qu'à la mort il ne reste que ce que l'on a fait pour Dieu. »

L'une de ses petites-filles parut extraordinairement frappée de cette mort si sainte. On la trouva, une fois, seule à genoux dans la chambre funèbre, et s'écriant : « Grand'mère, emmenez-moi ! » Sa naïve prière devait être bientôt exaucée. Deux mois plus tard, elle aussi mourait, le jour de sa première communion. Paul était retourné au collège, et la maladie de sa chère Thérèse fut si prompte, qu'il ne put revenir pour les douloureux adieux.

Cette belle famille commençait ainsi prématurément de se séparer sur la terre, pour se reconstituer dans le ciel. L'espérance fortifiait tous ces cœurs chrétiens ; mais ils sentaient vivement leur tristesse ; ils voyaient que les jours de bonheur étaient finis.

Dieu ne leur ménageait plus le sacrifice ; après les séparations de la mort, d'autres adieux avaient encore assombri cette maison naguère si joyeuse. La dernière sœur de Paul venait d'être mise en pension ; ses deux aînées étaient entrées en religion. C'étaient, en bien peu d'années, beaucoup d'absences extrêmement sensibles à son cœur aimant. Sa tristesse fraternelle paraît dans une lettre à un ami qui lui avait annoncé les fiançailles de sa sœur : « J'ai une sœur qui est à peu près du même âge que la tienne ; mais au lieu d'entrer dans le monde en se mariant, elle le quitte pour se faire religieuse. Ce n'est certainement pas que je n'offre mon sacrifice au bon Dieu, et de tout mon cœur ; cependant si tu savais comme c'est pénible ! Mais Dieu nous l'avait donnée, Il peut la reprendre : elle est à Lui. »

Ainsi Paul se retrouvait seul auprès de ses parents affligés ; et quelle angoisse il venait ajouter à leur peine ! Ils comprirent vite de quel malheur ils étaient menacés ; mais ils furent aussitôt à la hauteur de leur tâche ; soutenus par la confiance en Dieu, ils entreprirent leur long combat de patience, de fatigues, d'abnégation, contre la mort qui allait saisir leur enfant. Plus d'une fois ils pensèrent la vaincre ; pendant cinq années ils purent l'éloigner de cette tête chérie.

Tout d'abord il importait de fuir le climat relativement froid de la Picardie. L'hivernage à Madère était conseillé par les médecins. L'intervalle avant le départ fut employé dans une saison aux Eaux-Bonnes, et un séjour à Arcachon. Chaque année il fallut recommencer les voyages lointains, la fuite devant le mal redouté. Après Madère, on séjourna en Algérie, puis à Menton, en Suisse, à Pau, et l'on ne revenait au Broutel que pour les plus beaux mois de l'été.

« Cette vie de nomade, » comme disait Paul, lui était bien pénible : « Que c'est triste de n'être jamais chez soi, toujours en voyage et dans les maisons des autres ! Quand je serai guéri, je resterai au Broutel, je n'en bougerai plus, et quand j'entendrai le chemin de fer, je me boucherai les oreilles. »

La préoccupation de soigner sa santé lui était à charge : « Mais je suis sûr qu'en me soignant je fais la volonté du bon Dieu, ajoutait-il. Que faut-il de plus pour être heureux ! »

Le pauvre enfant ressentait les mêmes regrets, et se consolait par le même motif, lorsqu'il songeait aussi à sa carrière d'homme utile compromise, et peut-être désespérée. Il révèle toute son âme dans cette confidence faite à sa sœur Louise :

« Je ne travaille encore que deux heures et demie par jour. Que c'est peu, pour moi qui ai tant à regagner. Je ne peux penser à mon éducation à peine ébauchée, sans un

sentiment de tristesse et d'appréhension
pour l'avenir. Je n'ai jamais fait que des
demi-classes, ou même des quarts de classe ;
et dans quatre mois j'aurai dix-neuf ans !
A quoi serai-je jamais bon ! L'avenir était
pourtant beau pour moi : j'étais en avance
pour mes classes, dans un collège où l'on
fait, non-seulement des savants, mais aussi
des saints ; la Sainte Vierge me protégeait
visiblement, car je n'ai jamais entendu,
chose extraordinaire dans un collège, une
parole malsonnante à Cantorbéry. Je n'avais
qu'à laisser couler doucement ces années de
collège ; et j'entrais dans le monde avec un
bagage suffisant de science, et surtout
chrétien solide. Tout cela est brisé, ce n'est
plus qu'un rêve ; et la réalité, c'est que je
suis jeté sur une île perdue dans l'océan,
avec l'avenir devant moi, et je ne suis pas
prêt. Dieu soit mille fois béni ! Ce que je
viens de dire, c'est le raisonnement de
l'homme ; le chrétien ne s'y arrête pas ; il
ne voit, dans l'épreuve envoyée par la main

de Dieu, qu'une preuve de plus de son amour. Merci, mon Dieu, de m'avoir jugé digne de souffrir pour vous! Voilà, ma chère Louise, ce que j'ai appris à Cantorbéry, ce que le P. du Lac et tous nos Pères mettent dans le cœur des jeunes gens ; avec cela on défie toutes les tempêtes, et l'on marche toujours les yeux fixés au ciel. »

Cette lettre de Paul est comme un tableau en raccourci de son âme, de ses souffrances, de ses combats et de ses progrès dans le bien pendant les cinq années de sa maladie. Il lutta constamment contre la souffrance, et la victoire lui resta toujours par la vigueur de sa foi chrétienne.

Tout d'abord la maladie amène ordinairement l'ennui. Il semblerait que cette épreuve dût être épargnée à notre jeune malade : il était si tendrement entouré ! Mais toute occupation intéressante lui était si complètement interdite ; les journées étaient si monotones ; et il sentait d'ailleurs dans son esprit et dans ses membres même des exigences si vives d'activité et d'expansion ! Par suite de la persistance de son état maladif, les plus minutieuses précautions étaient réclamées. Plus d'une fois il redit à ses amis : « Ah ! je ne m'amuse guère ! »

Cependant l'ennui ne le pénètre pas à fond ; il reste plutôt à la porte, en dehors comme un visiteur importun, que l'on entend frapper, et à qui l'on ne veut pas répondre. Il était extraordinairement industrieux pour occuper son esprit en tout état de santé. Quand un petit retour de forces lui permet quelque étude, ne fût-ce qu'une demi-heure par jour, il se hâte de reprendre ses livres : histoire, littérature, mathématiques, langues vivantes. Il complète l'étude par la lecture des livres d'actualité sérieuse; les biographies des grands chrétiens de nos jours ont ses préférences ; c'est avec un vif intérêt qu'il y revoit, transformés en exemples concrets, les grands principes qui ravissent sa jeune intelligence et son cœur ardent. Il les conseillait à ses amis, « comme

une leçon persuasive d'enthousiasme, comme
la vraie lecture des jeunes gens chrétiens,
surtout des anciens de Cantorbéry, qui,
entre tous, doivent porter haut le double
titre de Français et de Catholiques. »

En même temps il suivait avec intérêt
tous les évènements du monde politique et
religieux, analysant, comparant, raisonnant les circonstances et les causes, tour à
tour ému ou indigné, triste ou joyeux des
dangers ou des espérances de ses deux
mères bien aimées, la France et l'Église.

C'était de ces hautes pensées qu'il inspirait sa correspondance assidue avec ses
amis, ses maîtres, surtout avec sa sœur
aînée, religieuse du Sacré-Cœur.

Même dans les longues périodes d'inaction absolue, quand il lui fallait s'interdire
toute lecture, son esprit ne demeurait pas
oisif. Son attention s'éveillait facilement à
tout objet qui, pour un autre, fût resté indifférent. Les mœurs, les lois, les monuments,
les costumes, l'état religieux et social des

divers pays l'intéressaient, selon ses états
d'âme, tantôt par leurs aspects pittoresques
et curieux, tantôt par les côtés sérieux et
pratiques. Dans ses lettres on trouve une
multitude d'observations, parfois un peu
jeunes et piquantes, justes en somme et
sensées, sur l'état politique de Madère, du
Portugal, de notre colonie algérienne, sur
les évènements et les personnages d'actualité, pêle-mêle avec les descriptions des
rives du Tage, des palais et des gourbis
arabes, des oasis africaines, des fêtes religieuses de Funchal, et des fantasias de la
plaine d'Alger.

La nature surtout l'impressionnait profondément en lui parlant de la bonté divine.
Les hautes montagnes fleuries de Madère,
le ciel bleu de la Provence, le grand désert
d'Afrique, les fraîches verdures de la Suisse
lui suggèrent des réflexions émues ou des
descriptions enthousiastes.

Ainsi, avec une santé languissante, il
restait vivant et actif ; il mûrissait son juge-

ment, il étendait l'horizon de ses pensées,
il fortifiait même son amour du travail.

On le devine, c'était sa piété qui animait
cette grande force morale, une piété régu-
lière et intime, qui mûrissait avec ses années. D'ailleurs il était bien secondé par
son entourage. M. et Madame du Broutel
étaient souvent aidés dans leur tâche par
Mademoiselle de M..., dont la grande piété
égalait le dévouement. Dans la famille on
l'appelait l'*Amie*. Ce nom datait des jours
de bonheur ; elle le mérita bien mieux
encore dans les jours d'épreuve. Une sœur
de Bon-Secours accompagna aussi la cara-
vane dans ses deux dernières pérégrina-
tions. Elle eut bientôt gagné l'estime et la
confiance de son malade, à qui ses paroles
pleines de foi donnaient autant de consolation que ses soins empressés lui procu-
raient de soulagement. « Tous les soirs, rap-
porte la bonne sœur, il demandait, quand il
était couché, qu'on lui parlât de choses édifiantes, qu'ou l'avertît de ses défauts, qu'on

lui fît voir les choses au point de vue de la
foi. Il avait peur, disait-il, de laisser son
âme retomber dans les préoccupations matérielles. »

Les voyages, les conditions religieuses
très diverses des pays successivement habi-
tés, rendaient bien irrégulières les ressources extérieures. A Pau, elles se trou-
vaient abondantes ; mais à Madère, elles
n'avaient été que rigoureusement suffi-
santes ; en Suisse, elles étaient presque
nulles. Mais une volonté sincère rend industrieux, et fait profiter des moindres
occasions. A Territet, par exemple, près
du lac de Genève, en plein protestantisme,
Paul trouva le moyen de faire ses dévotions. Il obtint que le Vicaire de Montreux
lui donnât, dans sa chambre, les divins
mystères. Un petit autel fut préparé, et il
reçut avec ferveur cette communion appor-
tée en secret.

On dit que le vent, lorsqu'il secoue les
arbres, active la croissance de leurs racines,

qui, trop serrées dans un sol immobile, ne pourraient se développer, si un ébranlement périodique ne leur donnait de l'espace. Et l'on applique cette comparaison aux progrès de l'âme battue par les épreuves de la vie. N'apparaît-il pas que les vertus de Paul croissaient en énergie et en profondeur par l'effet de sa longue souffrance ?

Les désirs du bien s'expriment dans ses lettres et ses conversations avec une vive ardeur, et un grave accent de générosité : « Toi, cher H..., que fais-tu ? Tu te prépares à être un champion de la bonne cause, en te faisant l'âme des bonnes œuvres, en consacrant ta vie à ceux qui souffrent. C'est maintenant, plus qu'à toute autre époque, que nous devons être des apôtres, dans n'importe quelle situation, si nous voulons relever notre cher pays. »

A un autre ami : « Tu as peut-être lu dans le discours de M. de Mun à l'assemblée de l'Association catholique, cette phrase : *la jeunesse se meurt d'indifférence.* Il n'en est pas ainsi de nous, n'est-ce pas, cher Y... ; nous sommes jeunes, et nous conservons jalousement le plus bel apanage de la jeunesse : le pouvoir de s'enthousiasmer, de se dévouer, de se donner tout entier à toutes les belles et nobles causes. La Moricière disait au Saint-Père que tant qu'il y aurait un Français sur la terre, le Pape aurait un défenseur : nous sommes tous élèves de Cantorbéry, des Français catholiques, et nous savons à quels devoirs ce double titre oblige...... »

Sa propre souffrance lui inspire une affectueuse compassion pour tous les malheureux ; il comprend qu'il aura un grand rôle de charité, et ses projets de bienfaisance sont un des thêmes aimés de ses entretiens : « J'irai visiter les malades, disait-il à la sœur qui le veillait, surtout les pauvres ; je sens bien qu'il ne suffit pas de leur envoyer une aumône. »

Le premier jour de l'an, à Pau, ayant reçu ses étrennes, il se prit à songer à tous

les pauvres petits enfants qui n'avaient
aucun cadeau. Il appela l'*Amie*, et lui re-
commanda de faire une copieuse provision
de gros sous. Puis ils sortirent ensemble,
les poches lourdes, à travers les rues pleines
de pauvres. Pour n'en pas manquer un seul,
ils prirent chacun leur trottoir, et ils avan-
cèrent lentement. Hélas ! ils sentirent leurs
escarcelles se vider avant d'avoir contenté
tous les petits mendiants : « Nous n'en
avions pas assez ! » murmurait Paul, en
rejoignant l'Amie. Et ils revinrent tristes
de n'avoir pas fait plus d'heureux.

L'absence même de toute ressource contre
l'ennui et l'abattement ne le laisse pas lan-
guissant ni découragé. La lutte intérieure
de la conscience et de la volonté lui devient
une austère et ardente occupation, féconde,
certes, en mérites et en victoires. A la fin
d'un séjour à Madère, il fait cette confidence à sa sœur aînée : « Que j'ai senti
l'ennui, ma chère Louise ! Nous n'avons
pas fait une excursion par défense du mé-

decin. Impossible de tenter la moindre promenade à cheval. Interdiction absolue de travailler, lire même fort peu. Que faire en cet état ? Pas la moindre distraction extérieure, et défense d'en chercher dans l'étude ! J'ai bien essayé de travailler quand même ; mais je ne pouvais pas. Cet hiver a été dur pour moi, parce que l'inaction est la chose la plus pénible qu'on puisse m'imposer. Je suis par moment dans un état d'exaspération que je ne parviens à calmer qu'en marchant beaucoup. Je sors, je monte une côte le plus vite possible ; je rentre fatigué et la surexcitation passe. Je crois qu'il n'y aura jamais à craindre que je reste à rien faire. Depuis quelques années surtout je ne peux me tenir inactif. Tu peux juger par là si mon hiver a été amusant. Je réagis tant que je peux, et je puis dire que, grâce à Dieu, les moments de vrai ennui ont été rares ; mais je t'assure que je commence à être à bout de ressources. Il est temps que je revienne en France. »

Plus d'une fois, ces *exaspérations* l'agitèrent cruellement ; le régime des hôtels influait sur son estomac, et ébranlait son système nerveux, surtout lorsqu'il était condamné à l'immobilité presque absolue. Alors il restait seul en face de son mal, n'ayant pour le vaincre que la volonté et la patience. Il se jugeait assez armé et dédaignait même les soulagements qu'on pensait à lui offrir. En Suisse, où il ressentait plus vivement cette épreuve, la sœur qui le soignait voulut employer l'éther pour calmer ses agitations ; il refusa, disant qu'il serait honteux d'avoir recours à un moyen dont on use pour les femmes sensibles.

On pourrait croire que la résultante de ces efforts et de ces combats fût une humeur mélancolique et chagrine. Bien au contraire la lutte contre la tristesse aboutissait à la victoire, et ramenait vite une gaîté sereine, qui fut toujours le fond du caractère de Paul. Ses lettres sont pleines de joyeuses

saillies, même à côté des plaintes émues
que nous avons citées. Voici, par exemple,
une description assez piquante des voitures d'Alger, qu'il adresse à sa sœur
aînée :

« Si le carosse de ton couvent est aussi
beau que son cheval, il doit ressembler aux
fiacres d'Alger. *Fiacres...,* entendons-
nous ; il n'y a ici que des *calèches*. Un
landeau, un panier, un vis-à-vis, tout cela
s'appelle calèche. Ces voitures, qui font
les délices des bourgeois d'Alger, le dimanche, ont une histoire parfois des plus
émouvantes. Car c'est toute une odyssée que
l'existence d'une *calèche*. De glorieuses
blessures attestent les hauts faits de ces
illustres véhicules. L'un, par exemple,
vient d'Italie, où il a charrié maint personnage, peut-être le roi, et sûrement beaucoup d'Anglais. Un autre a passé par tous
les grades : d'abord voiture de maître, puis
remise de premier ordre, puis de second
ordre, puis fiacre, enfin *calèche* à Alger,

6.

ce qui correspond à la vieille ferraille et au bois à brûler chez nous. Je suis sûr que, si l'équipage du Sacré-Cœur roulait par les rues d'Alger, on s'arrêterait sur le trottoir, pour regarder passer une si belle *calèche.* »

Cette période de cinq années douloureuses ne fut point sans quelques éclaircies d'espérance et de joie. Après chacune des saisons dans les pays chauds, le retour en Picardie était réjoui par une amélioration constatée dans l'état du cher malade ; les séjours lointains eux-mêmes eurent leurs beaux jours.

Alors avec quelle allégresse il se reprenait à vivre ! Tout d'abord il se hâtait d'organiser quelque travail intellectuel.

« Tu me demandes, écrit-il à sa sœur Louise, combien de temps je travaille chaque jour ? Environ trois heures. C'est tout ce que je peux faire, et c'est bien peu. Encore faut-il parfois que je chôme un jour entier. Je fais de la littérature française, car je connais en grande partie la grecque

et la latine ; et puis c'est moins laborieux,
et l'on va plus vite. L'abbé qui me fait ce
cours a été professeur et possède bien sa
matière.

« Je suis bien ennuyé de ne pas pouvoir
travailler sérieusement ; je vais si bien du
reste. Et puis, j'ai peur de perdre l'habitude
du travail. Tu sais bien, ma chère Louise,
que je n'ai pas envie d'être plus tard un
sportman, un bon à rien. C'est bien à toi,
chère sœur, de veiller à me préserver de
l'engourdissement ; il n'est pas venu encore,
Dieu merci ; mais il arrive parfois sans que
l'on s'en aperçoive ; et, si tu veilles avec
moi, je serai plus sûr de l'eviter. »

Un peu plus tard il parvient à gagner
encore sur la maladie, et le bénéfice en
revient à ses études. Il fait part de ce succès
à l'un de ses maîtres du collège : « J'ai
trouvé, non sans peine, un professeur, qui
me fait un cours de littérature, humanités
et rhétorique ; en outre je fais de l'histoire,
seul, et je lis. Papa s'est procuré *La fin*

d'un monde, et je le lirai, après lui, quand j'aurai terminé l'intéressante Histoire de l'Eglise romaine en face de la Révolution, par Crétineau Joly. Puis je commencerai les Mémoires du comte de Villèle, où j'espère trouver de l'intérêt, parce que j'ai déjà lu ceux du baron de Vitrolles qui n'a pas, paraît-il, les mêmes idées.

« Ces occupations sérieuses ne m'empêchent pas de parcourir le pays sur un beau cheval arabe... »

Il aimait, en effet, à éprouver dans des exercices énergiques ses forces renaissantes, et de tous les passe-temps d'un jeune homme, le cheval avait ses prédilections. « C'est ma seule passion, » disait-il. A Alger il put en jouir plus que nulle part ailleurs ; dans ses lettres à sa sœur Louise, il dit sa joie de monter les superbes chevaux arabes aux longs crins ondulés.

Il était bien dans son caractère de trouver son plaisir à un déploiement intense d'activité ; et il est bien vraisemblable que cette

fatigue salubre aurait toujours été sa récréation unique, ou, du moins, préférée.

Mais il avait encore de meilleures jouis-
sances. Privé si longtemps des réunions
de famille, son bonheur était de s'y retrouver, et de resserrer les liens d'affection
dont ses lointaines absences lui faisaient
mieux apprécier le charme.

Le meilleur d'une jeune âme appartient
à sa famille ; l'amour des siens est, pour un
jeune homme, presque tout le bonheur; il
est aussi presque toute la vertu. Qu'il
manque à sa famille, ou que sa famille lui
manque, le jeune homme devient vite un
prodigue, semant dans le vide tous ses tré-
sors de confiance, d'affection, d'espérance,
souvent, hélas! de foi et d'honneur.

Paul avait goûté toute la joie des affections du foyer ; il savait combien elle
grandit et se rend plus sensible par les
attentions délicates et assidues de chacun
aux désirs et aux besoins de tous. Encore
petit enfant, on se souvient qu'il se pliait

aimablement aux goûts des autres. Elève
à Cantorbéry, quand ses parents venaient
le visiter, il prenait en quelque sorte, à sa
charge, les agréments du congé, s'infor-
mant à l'avance de tout ce qui pouvait être
intéressant pour son père et sa mère, ayant
à cœur de leur rendre tout le plaisir qu'ils
lui donnaient. Revenu malade auprès des
siens, et obligé, par sa faiblesse, de s'ab-
senter souvent de la table commune, il
supportait avec grande peine de cœur cet
isolement : « Que c'est triste, disait-il parfois, de ne pas pouvoir prendre ses repas
avec ses parents, et causer de ce qui inté-
resse la famille ! »

A mesure que l'enfant grandit, quand
l'adolescent devient jeune homme, se for-
mant des idées personnelles, la souplesse
et la douceur du caractère ne suffisent plus
pour la garantie du bonheur domestique ;
il lui faut, en outre, une certaine abnégation du jugement propre, et même une
grande patience à souffrir les contradic-

tions ou les malentendus. Paul le comprenait ainsi, et il l'expliquait à l'un de ses amis d'une manière nette et persuasive qui fait deviner une expérience personnelle :

« Voilà que tu es dans ta famille pour quelque temps. Je me rappelle que, l'année dernière, il y a eu quelques frottements de caractères, fâcheux surtout de ton côté. Tu me pardonneras, cher N..., de te parler de cela. Souvent il ne faut qu'un rien pour que la paix et la joie règnent dans une famille ; ce rien, personne ne veut le céder, et il en résulte des désagréments pour tout le monde. La vie de famille, qui est si douce lorsque tous les cœurs sont à l'unisson, et que la joie est sur tous les visages, est fort pénible quand il n'en est pas ainsi.

« Le bonheur vaut bien qu'on l'achète au prix d'un sacrifice. Il y a, mon ami, dans la vie de famille une source inépuisable de petits sacrifices, que Dieu voit, et qui sont un excellent moyen de sanctification.

« Je te parle de ceci, mon cher ami, parce que tu m'en as parlé le premier, et que c'est de grande importance.

« Sois toujours très gai, sévère pour toi-même, bon, patient et doux pour les autres. »

En observant lui-même ce qu'il conseillait à son ami, Paul portait avec lui la joie et entretenait la paix partout où il paraissait. Enfant, son amabilité lui gagnait les affections de tous ; jeune homme, ses qualités solides et son caractère déjà formé lui méritaient en outre l'estime profonde des hommes les plus sérieux, et excitaient l'émulation des jeunes gens de son âge. Après l'avoir revu dans une réunion de famille, un de ses cousins s'écriait : « Ah ! si je pouvais être bon comme Paul ! »

Une des grandes joies de Paul, lorsque sa mauvaise santé lui laissait quelque répit, était de retrouver quelques anciens camarades de Cantorbéry. Une fois, il put faire le voyage d'Angleterre et revivre quelques jours dans son cher collège. Il profita de cette occasion pour se renouveler dans ses sentiments chrétiens par une pieuse retraite. Il en revint muni de lumières et de résolutions pour sanctifier sa vie de malade, si différente de celle qu'il avait rêvée, si riche en mérites, mais si féconde en sacrifices de toutes sortes (1).

Pendant les vacances il revit plusieurs de ses amis ; après ces visites trop courtes pour son amitié, qu'il était heureux de les avoir trouvés toujours dignes de leur collège de Sainte-Marie ! Son affection pour eux en était redoublée, et il sentait une

(1) La prière suivante, qu'il composa pendant cette retraite, en exprime bien le fruit : « Mon Jésus, je vous en « supplie, embrasez mon cœur de votre amour. Donnez- « moi une haine profonde de tout ce qui est mal ; donnez- « moi une grande ardeur pour le bien, afin que je déracine « mes défauts, que je mortifie mon corps, que j'aie soif de « souffrir pour votre amour. Je vous promets, ô mon Jésus, « de faire tous mes efforts pour ne plus vous offenser.

« Marie, ma tendre mère, votre enfant se jette dans vos « bras pour que vous le secouriez dans le combat, et que « vous l'aidiez à se relever, s'il avait le malheur de « tomber. »

sorte de fierté d'être aimé par ces cœurs généreux et fidèles.

Mais ces joies étaient fugitives comme les jours de la belle saison, car il fallait abréger le séjour au Broutel, pour aller chaque année sous des climats plus doux.

En octobre 1889 on partit donc pour Menton ; c'est là, qu'au commencement de 1890 il eut une forte attaque d'influenza dont sa santé ne put se remettre.

LES DERNIERS JOURS

· A la fin de l'année 1890, une tante de
Paul, voulant lui offrir, pour ses étrennes,
un objet qui lui fît plaisir, pria l'Amie de
s'informer de ce qu'il préférait. Paul demanda un crucifix. Il le désirait assez
grand, et cependant facile à porter dans
ses voyages. Quand la pieuse image du
Sauveur fut confectionnée dans les dimen-
sions qu'il avait indiquées, il la reçut avec
un empressement et une allégresse qui
frappèrent l'attention de sa famille. Hélas !
ses voyages étaient finis ; le crucifix si
affectueusement accueilli devait bientôt
recevoir le dernier baiser et le dernier
soupir du cher malade.

Il ne sentait pas sa fin prochaine ; quoiqu'il eût été, comme nous l'avons déjà

dit, gravement éprouvé par l'influenza, le
séjour d'été au Broutel avait été joyeux ;
puis le climat de Pau, où les médecins
l'avaient envoyé passer l'hiver, lui faisait
beaucoup de bien ; il put écrire à tous ses
parents, à l'occasion de la nouvelle année,
et leur faire part de ses espérances ; les
félicitations et les souhaits qu'il reçut en
réponse ajoutèrent à la joie de ce 1er janvier
1891.

Paul se laissait donc aller à ses rêves
confiants jusqu'à un avenir lointain : « Plus
tard, disait-il à la sœur de Bon-Secours, je
rebâtirai le Broutel, je le ferai bénir en
grande cérémonie, il y aura une proces-
sion avec la Sainte Vierge en tête, et je
montrerai aux gens du pays ce que c'est
que la foi. »

Dieu permet que ses enfants conservent
des illusions si naturelles ; il sait qu'elles
ne leur sont pas nuisibles, et que, à l'heure
où il en demandera le sacrifice, le sacrifice
ne sera point refusé. Puis, au milieu même

des espérances sans avenir, des grâces intimes se font sentir, qui préparent insensiblement les âmes aux suprêmes épreuves.

A la fin de l'été, Paul avait été inspiré de mettre ordre à sa conscience plus soigneusement que de coutume, et Dieu lui avait ménagé la rencontre du Père P..., en qui il avait une confiance filiale, et qui connaissait son âme depuis plusieurs années. « J'ai lavé mon linge sale avec le Père P..., écrit-il familièrement, et il m'a fait beaucoup de bien, car nous avons causé longuement. »

N'était-ce pas aussi une préparation au sacrifice, que sa dévotion grandissante pour le Crucifix ? Il se sentait porté vers lui, disait-il, comme vers un foyer de lumière et de courage : et quand il appréhendait les difficultés de la vie, c'est à ses pieds qu'il était attiré comme à un refuge paisible.

On observait encore que le cours de ses pensées était de plus en plus surnaturel, qu'il jugeait constamment les choses au seul point de vue de la foi, qu'il concluait pieusement ses désirs par un abandon filial à la volonté de Dieu. Il veillait aussi plus activement sur lui-même ; malgré l'énervement causé par la maladie et l'inaction, son caractère gagnait en souplesse et en douceur.

Ainsi, quoique la fin fût prochaine, elle ne devait pas être pour lui un coup imprévu, son âme était prête.

Quelques jours après le nouvel an, un changement défavorable se produisit dans l'atmosphère ; le vent d'Est amena le froid. Paul en sentit aussitôt l'influence ; cependant actif et énergique comme il était, il ne pouvait se tenir enfermé à la maison ; il sortait encore, cherchant l'abri, et espérant toujours que le temps redeviendrait bon. Mais ses forces allaient en déclinant ; la respiration était de plus en plus pénible, l'estomac souffrait, tout dépérissait graduellement.

La faiblesse devint extrême, tellement que le pauvre malade dut, plusieurs fois, différer ses dévotions, ne se sentant pas la force de s'y préparer.

Cependant il ne perdait pas tout espoir de guérison ; mais sa confiance ne s'adressait plus qu'au ciel. Un jour, qu'il parlait de Lourdes, la sœur lui dit : « Pourquoi ne demandez-vous pas la santé à Notre-Dame de Lourdes ? — Et pourquoi, répondit-il, voulez-vous que la Sainte Vierge me guérisse ? je ne serai jamais capable d'aucun bien. Et cependant je crois qu'elle ne pourra pas me refuser. Je me jetterai à ses pieds, et je lui dirai avec tant de foi que je suis son enfant, que je lui appartiens, que je l'ai toujours aimée ! Puis, j'irai me jeter dans la piscine ; je suis sûr qu'elle me guérira. Oh ! alors, quelle reconnaissance ! comme je dirai à tout le monde que c'est Notre-Dame de Lourdes qui m'a guéri ! »

Cette confiance prenait racine dans son

âme. Il songeait à faire son pèlerinage le
18 mai, vingt-deuxième anniversaire de sa
naissance ; puis craignant que M. du
Broutel ne fût rappelé plus tôt vers le Nord,
il fixa le 1er mai, désirant que toute sa
famille fût présente à sa guérison dans la
grotte miraculeuse. Il en parlait comme
d'une chose presque certaine : « Si je
guéris à Lourdes, je ferai une retraite chez
les Pères, et pendant cette retraite, je pro-
mettrai à la Sainte Vierge de faire tout ce
qu'elle voudra de moi. Si elle veut que je
sois jésuite, cela me coûtera beaucoup,
mais je le ferai. Sinon, je me dévouerai
dans ma famille et dans mon pays. Il me
semble que j'ai une mission sérieuse à
remplir dans mon pays ; les hommes d'à
présent n'ont pas assez de foi ni de courage
pour se mettre en avant ; et il y a tant à
faire !... »

Ainsi la pensée de toute sa jeunesse, son
beau et unique rêve d'avenir, lui revenait
avec l'espoir de vivre : à ses yeux la vie

était toujours une mission, et elle s'identi-
fiait avec le dévouement au bien.

Il faisait encore la promesse de revenir
chaque année à Lourdes avec le pèlerinage
national pour porter les malades. Mais il
ne devait plus revoir le sanctuaire béni,
où tant de fois il avait prié, depuis son
enfance. Ses forces tombaient de jour en
jour; il ne pouvait plus monter l'escalier de
sa chambre, et chaque soir il fallait le
porter à son lit.

Il n'y avait que trois mois écoulés depuis
le jour de l'an qui avait été si joyeux.
Paul ne devait pas arriver jusqu'au 1ᵉʳ mai
qu'il attendait pour implorer une guérison
miraculeuse. Sans doute la Vierge, qui ne
saurait tromper la confiance de ses enfants,
l'attendait à un meilleur rendez-vous, et lui
ouvrit ses bras maternels au seuil d'un
sanctuaire incomparablement plus beau.

A la faiblesse s'ajouta bientôt la douleur
aiguë. La force d'âme de Paul avait toujours
été grande, et aussi sa soumission à Dieu,

plus forte que la force elle-même ; il les
ravivait constamment par la prière, par
des regards suppliants et de tendres baisers
sur son crucifix ; mais la souffrance n'était
pas moins grande que son énergie ; ce fut,
entre elle et lui, un combat à forces égales,
qui parfois était plein d'angoisses. « Je
souffre tant, disait-il, que je sens la peur
de ne pas persévérer dans la patience. »

D'autres fois il lui venait des pensées
singulièrement profondes : « Quelle pourri-
ture nous sommes ! l'entendait s'écrier sa
sœur Jeanne, si tu savais les réflexions que
j'ai faites, ces temps-ci ! »

Une inquiétude le troubla un moment :
il se prit à penser que, par un seul péché
mortel, dans une défaillance de la faiblesse
humaine, il pourrait perdre à jamais tout
le fruit de ses longues épreuves. Mais quand
on lui eut expliqué que l'âme, pardonnée
dans le sacrement de pénitence, rentrait
en possession de ses mérites acquis, il
s'écria : « Alors je veux bien souffrir tout

ce que le bon Dieu voudra ; car je suis sûr que la Sainte Vierge ne permettra pas que je meurs en état de péché mortel. »

Sa mère entrant alors dans sa chambre : « O maman, que je suis heureux ! lui dit-il. Il y a longtemps que n'ai été si content. Quand vous m'appreniez mon catéchisme, il y a une chose que vous avez oubliée : vous m'avez bien expliqué que, par le péché mortel, on perd ses mérites ; mais vous ne m'avez pas dit qu'on les recouvre en se réconciliant avec Dieu, ma sœur vient de me le dire ; vous ne pouvez imaginer à quel point je suis content ! C'était désespérant de penser qu'on aurait beau avoir souffert, et que tout pouvait être perdu... oui, oui, je suis heureux maintenant ! »

La souffrance ne lui faisait pas oublier la gratitude pour les soins dont il était l'objet. Il l'exprimait à toute occasion avec une affection cordiale, et même avec une humilité toute chrétienne. Il se disait confus de tant de délicatesses et d'attentions : « Je ne

les mérite pas, et je n'ai rien de bien en
moi ; je ne sais comment reconnaître jamais
tant de bonté. » Quinze jours environ avant
sa mort, il disait à sa sœur Jeanne :
« Comme tout le monde a été bon pour
moi, pendant cette maladie ! je ne l'oublierai
jamais ; toi surtout, ma petite Jeanne,
merci, merci ! »

Il se promettait que, s'il recouvrait la
santé, il saurait rendre tout le bien qu'on
lui faisait, car « il y a des ressources infinies
pour la reconnaissance dans un cœur chrétien. »

Presque à l'extrémité, il prenait encore
souci de réjouir le mieux possible les vacances de sa petite sœur Madeleine, qui
allait arriver à Pau, le lundi de Pâques,
30 mars. Il ne pouvait pas l'attendre levé,
mais il l'attendit sans dormir, et voulut la
voir dès qu'elle fut venue. Le lendeman, il
l'appela près de son fauteuil : « Mets-toi là
devant moi, lui disait-il, que je te voie bien.
Tes vacances ne seront pas gaies, ma

pauvre Madeleine ; mais nous tâcherons de t'amuser tout de même un peu. »

Il avait dû faire un grand effort pour oublier sa douleur, car ce même lundi de Pâques, il disait à son père en l'embrassant le soir : « Mon pauvre papa, priez bien pour moi, je souffre beaucoup ; j'étouffe, je n'en peux plus, priez beaucoup, beaucoup. »

Le mercredi 1er avril, le Père G..., à qui Paul avait confié son âme, depuis son arrivée à Pau, vint le confesser à la maison. Sans se douter que cette confession fût la dernière, Paul passa en revue toute sa vie.

Ce pieux devoir accrut sensiblement la paix de son âme ; le lendemain il exprimait le contentement qu'il en ressentait, quoiqu'elle lui eût coûté une grande fatigue.

Il fit cependant encore une petite promenade en voiture avec sa mère. Ce fut sa dernière sortie ; ses forces physiques étaient complètement épuisées, et les douleurs devenaient de plus en plus aiguës. Il se coucha pour ne plus se relever.

La veille de ses communions il écoutait la lecture d'un chapitre de l'*Imitation* ; cette fois il n'en eut pas la force, et il offrit à Dieu ses souffrances de la nuit pour sa préparation au divin Sacrement.

Cette nuit fut, en effet, extraordinairement pénible. Cependant le matin il mit un soin et un recueillement encore plus pieux que de coutume à la préparation et à l'action de grâces de la Communion, qui lui fut donnée en Viatique. Après, il disait en souriant à la sœur : « Ma confession d'hier m'a bien fatigué, mais je suis heureux : j'ai pu dire aujourd'hui à Notre-Seigneur lui-même que je l'aimais. »

Le médecin de Madère devait arriver ce jour là ; Paul consentit à le voir pour complaire à sa famille ; mais il dit à la sœur qu'il n'avait plus de confiance dans les moyens humains, et qu'il n'espérait plus qu'en la Sainte Vierge.

La veille encore il avait manifesté à son confesseur son désir d'aller à Lourdes demander sa guérison ; le Père l'exhorta à s'abandonner complètement à la volonté de Dieu, et Paul fit son acte de résignation, mais en gardant un certain espoir jusqu'à la fin.

A première vue, le médecin jugea que tout était désespéré. En effet, les souffrances augmentèrent beaucoup pendant cette journée du jeudi, et la nuit suivante. Mais en même temps grandissaient la foi et la résignation du cher malade. Plusieurs fois dans l'après-midi et la soirée, il exprima la crainte de ne pas aimer assez le bon Dieu ; on le rassurait en lui disant que au moins il désirait l'aimer et le faire aimer ; alors son visage s'animait et il répondait avec conviction : « Oh ! oui, je voudrais l'aimer ! »

Le vendredi matin, les médecins réunis en consultation déclarèrent que la fin pouvait être très prochaine, et qu'il ne fallait pas différer l'Extrême-Onction. Comme la sœur annonçait à Paul cette décision avec des ménagements : « Oh ! dit-il, l'Extrême-Onction ne me fait pas peur ! » Il ajoutait ensuite combien il était heureux d'appartenir à l'Eglise catholique, et combien il plaignait ceux qui redoutent les secours qu'elle prodigue à ses enfants.

Il avait sur son lit son crucifix indulgencié et sa petite statue de Notre-Dame de Lourdes, qui ne l'avait pas quitté depuis cinq ans ; la nuit il la plaçait sous son oreiller. Le Père G... lui apporta aussi une relique de la vraie Croix, pour l'aider à souffrir, par un souvenir si sensible du Sauveur crucifié. Il lui demanda s'il n'avait plus rien à lui dire ; Paul répondit que son âme était en toute tranquillité.

Toute la famille et les serviteurs étaient agenouillés autour de son lit pendant les derniers sacrements. Son esprit de foi et son recueillement édifiaient et consolaient les parents dans leur profonde tristesse. Après la touchante cérémonie, ne pouvant plus guère parler, il adressa du moins à chacun un regard empreint d'affection, les remerciant de l'entourer ainsi à ce moment suprême.

Le samedi, dans l'après-midi, son confesseur revint le voir et lui donna encore une absolution ; puis il l'exhorta à la confiance et à la résignation. Alors Paul, qui n'avait pas encore renoncé à l'espoir d'être guéri par la Sainte Vierge, lui dit avec une sorte d'étonnement : « Père, me résigner même à mourir ? » Le Père répondit : « Si le bon Dieu le veut, ne le voulez-vous pas aussi ? — Oh oui, Père, dit Paul en souriant, je veux bien mourir. — Alors, reprit le Père, vous faites généreusement le sacrifice de votre vie ? — Oui, répondit Paul, je le fais bien, bien volontairement. »

Il continua à causer avec la simplicité d'un enfant, puis le Père G... se retira. « Adieu, Père, lui dit Paul, priez pour moi. »

Le reste du jour fut très calme, malgré l'aggravation progressive de la souffrance. Paul ne parlait plus que pour élever son

âme vers Dieu par des oraisons jacula-
toires. Il tenait presque continuellement
dans ses mains sa statuette de Notre-Dame
de Lourdes, et répétait souvent : « Ma
bonne Mère, je suis votre enfant. »

Quand on lui donnait à baiser le crucifix,
ses lèvres y restaient collées longtemps,
son visage devenait enflammé et comme
rayonnant.

Quoiqu'il fût bien faible et pût à peine
parler, il voulut s'entretenir encore avec sa
sœur Jeanne, malade elle aussi, qui avait
eu, depuis quatre ans, sa part intime de ses
épreuves, et avait accompagné tous ses
douloureux voyages.

« La veille de sa mort, dit-elle, après la
dernière visite du Père G..., il me fit appeler ; je passai deux heures auprès de son
lit, deux heures que je ne puis oublier
jamais. Il me parla intimement et affectueusement, s'excusant de ce que sa faiblesse l'empêchait de parler davantage.
Comme la souffrance lui arrachait quel-

ques plaintes, il me dit : Vois-tu, je suis une poule mouillée ; je ne sais pas même souffrir mieux qu'un enfant de trois ans. Mais n'aie pas peur, ma petite Jeanne, ce n'est rien, Quand je lui donnais à baiser son crucifix indulgencié, il le pressait longuement, et un sourire céleste passait sur ses lèvres, tandis que ses grands yeux me regardaient avec une expression indéfinissable. »

Le soir les souffrances s'accrurent d'instant en instant. Quand on l'exhortait à la résignation, il répondait : « J'accepte tout, mais c'est bien dur ! » Ainsi se passa presque toute la nuit.

Un peu avant quatre heures du matin, comme on lui présentait encore son crucifix, en lui demandant s'il n'aimait pas le bon Dieu, il répondit avec ardeur : « Oui, je l'aime et je veux l'aimer. » Puis, sentant la sueur inonder son visage, il dit à la sœur : « Regardez donc mon front, je n'ai jamais eu de crise pareille ; » et se sentant défaillir, il saisit sa petite statue de la Sainte Vierge : « Bonne Mère, dit-il, je suis votre enfant, vous savez que je vous aime, vous ne m'abandonnerez pas, n'est-ce pas ? »

Il pressa fortement sur ses lèvres le crucifix que la sœur lui offrait. « Faites-vous encore le sacrifice de votre vie ? lui disait-elle. — Oh ! oui, répondit-il, j'offre tout ce que je suis ; mais c'est dur, je souffre tant que j'ai peur de ne pas persévérer. » La suffocation augmentait. Il répondit ensuite par signes aux invocations et aux encouragements qui lui étaient suggérés ; et gardant jusqu'à la fin toute sa connaissance, à quatre heures du dimanche après Pâques, il remit son âme entre les mains de Dieu.

Ne vous attristez pas comme ceux qui n'ont point d'espérance, dit Saint Paul. Au jugement d'un homme qui ne voit rien au-delà de cette vie, la mort est toujours sans consolation ; mais lorsqu'elle est prématurée, lorsqu'elle anéantit un avenir déjà tout préparé dans la fleur d'une jeunesse vertueuse, elle semble une amère dérision infligée aux rêves de générosité et de dévouement, à la vertu même d'un cœur enthousiaste.

Mais non, la mort chrétienne ne doit nous étonner jamais : la couronne qu'elle apporte va bien à tous les fronts ; elle est une digne conclusion de tous les âges ; toujours elle complète l'harmonie d'une existence vouée au bien. Si la jeunesse même est moissonnée en pleine sève, ce n'est pas le symbole profane d'une colonne brisée qui doit marquer la tombe, mais le lys fleuri, mais la couronne d'immortelles. Le jeune homme que nous pleurons accueillit la mort en souriant ; il ne fut point tenté de lui reprocher sa cruelle précipitation ; il ne parlait point de vie brisée, de carrière interrompue, d'élans perdus ; il voyait dans la mort le seuil de l'éternité.

Mais nous, ne regretterons-nous pas que Dieu n'ait point laissé à la terre la suite d'une vie si bien commencée? Certes, nous le pouvons : le pays où Paul est né, sa famille où il occupait une si grande place, ses amis à qui il montrait un si fidèle attachement, espéraient tant de lui ! Aussi sont-ils bien légitimes, même aux yeux de la foi, les regrets douloureux qui ont suivi soudain de si belles et si chères espérances. Les lettres, les discours, les articles des feuilles publiques qui les ont exprimés resteront à la famille affligée comme un témoignage de l'estime que le cher enfant avait déjà méritée, et des affections que sa mort a contristées. Mais ne savons-nous pas que devant Dieu rien n'est vain des élans d'un cœur chrétien? que si l'action surpasse le désir, le sacrifice a plus de puissance que l'action elle-même ; que dans la solidarité surnaturelle qui fait de tout mérite personnel le bien commun des âmes, plus haut que la générosité de la vie se place la sainteté de la mort ? Et dans nos temps troublés, lorsque tant d'efforts tentés semblent avoir été stériles, peut-être celui-là sera l'artisan le plus glorieux du salut public qui, après avoir voulu travailler en apôtre, aura été jugé digne de s'offrir en victime.

LES FUNÉRAILLES

Le cercueil de Paul, déposé à Pau, dans
l'église Saint-Martin, fut ramené à Rue le
2 juin par un de ses oncles qui s'était offert
à remplir cette triste mission. Le corps fut
déposé dans une chapelle ardente, préparée
dans cette demeure du Broutel que Paul
avait tant aimée, et où il passa une dernière nuit. Le lendemain eut lieu la cérémonie des obsèques.

Bien que ce fût un jour de travail, la
population s'était empressée de se rendre
en masse à l'église pour donner à l'excellent jeune homme, aussi bien qu'à ses vertueux parents si durement éprouvés par sa
perte, une marque toute spéciale de regrets
et de sympathie respectueuse.

Les Révérends Pères Laroche et Leroy

étaient venus d'Amiens pour représenter la maison de la Providence où Paul avait inauguré sa vie de collège.

Le Père du Lac, ancien recteur du collège de Cantorbéry, avait promis d'assister aux funérailles, et son cœur de père aurait assurément loué, comme il méritait de l'être, l'élève viril et saint qu'il avait formé. De rigoureuses obligations l'ayant privé de ce bonheur, une voix amie a prononcé à son défaut l'adieu que nous reproduisons :

« MESSIEURS,

« Permettez-moi de vous retenir un instant sur le bord de cette tombe devenue comme le berceau d'un prédestiné, et de laisser tomber quelques mots de vifs et légitimes regrets sur le cher dépôt que l'Église vient de lui confier.

« L'excellent jeune homme dont nous déplorons la perte aimait trop Rue, son pays natal, pour qu'une voix amie ne s'é-

lève pas en ce moment pour l'en remercier
au nom de tous.

« Né au sein de la famille la plus chrétienne, formé, dès son entrée dans la vie,
à l'amour et à la pratique de toutes les
vertus, Paul du Broutel n'eut qu'à s'inspirer des exemples de son père et de sa
mère pour marcher largement lui-même
dans les voies d'un zèle et d'une charité que
rien ne décourage ni n'arrête, et d'une piété
aussi solide qu'édifiante.

« Il conserva ces traditions au collège de
la Providence, à Amiens, où son père,
qui acquittait un devoir de reconnaissance,
et mettait sa principale gloire dans la vertu
de son fils, l'avait d'abord placé ; puis plus
tard, en Angleterre, à Cantorbéry, où,
comme à Brugelette et à Saint-Acheul, devait grandir toute une pépinière de jeunes
gens profondément dévoués à Dieu et à la
France.

« Paul du Broutel eut le précieux avantage de trouver à la tête de ce dernier éta-

blissement un ami intime de son père, le Père du Lac, dont le nom est si cher à tant de parents, et ne changea pour ainsi dire pas de famille.

« Aussi, dans ce milieu de science et d'affectueuse vigilance, s'enrichit-il grandement de cette élévation d'âme et de cette noblesse d'intelligence qui devaient le distinguer, et acquit-il rapidement la fermeté de caractère, l'intégrité de cœur qui sont les premières qualités de l'homme et du chrétien.

« Sa reconnaissance fut grande et durable pour de tels Maîtres, et lorsqu'il fallut les quitter, ce ne fut pas sans amertume qu'il abandonna le charme de cette commune existence.

« Il était dès lors prêt pour la terrible lutte qui commençait entre la souffrance et lui, et il revendiquait hautement sa place dans l'heureuse phalange à qui l'éminent Père du Lac envoyait du fond de son exil ces souhaits paternels : « Allez, ami, nous avons fait de notre mieux pour armer votre nef, vous voilà paré autant qu'on peut l'être : *navis, fortiter occupa portum.* »

« Paul du Broutel avait l'âme trop haute pour ne pas se souvenir, et comprenant que l'âme a surtout besoin sur la terre d'être ravitaillée, il s'approcha fréquemment des Sacrements. Que de fois nous avons eu le charmant et consolant spectacle de la mère et du fils réunis à la Sainte Table et y confondant leurs tendresses et leurs prières !

« Je n'aurai pas le courage, Messieurs, de m'appesantir sur les douloureux épisodes de ses dernières années, et n'en veux faire ressortir qu'un enseignement tout à la louange du vertueux jeune homme, c'est que, si la maladie a été impitoyable pour lui, de son côté, il a montré envers elle toute la résignation d'un martyr, s'efforçant d'augmenter chaque jour son énergie physique et morale.

« Quels admirables sentiments s'épanouirent alors dans cette âme si fraîche et si généreuse ! Paul du Broutel avait repris la vie au foyer paternel qu'il considérait comme son vrai paradis en ce monde, et il y répandait, sous les bénédictions de son père et les baisers de sa mère, les parfums de l'angélique pureté de son cœur.

« Cependant après de longues et sérieuses méditations, il s'était senti la pensée d'un apostolat plus fécond encore à remplir ici-bas, et il considéra, comme une vocation providentielle, la tâche d'étudier de plus près les besoins du pauvre et de l'ouvrier, de leur témoigner, mieux qu'en paroles, combien il s'inquiétait de leurs peines et de leurs labeurs, et avec quel cordial intérêt il s'y associerait dès qu'il pourrait partager, en les diminuant, les préoccupations paternelles.

« Ce n'est pas vous qui me démentirez, chers et honnêtes ouvriers de Rue, vous qui tant de fois avez recueilli de sa bouche ces encourageantes promesses. Combien déjà vous l'aimiez pour sa franchise, pour

son aimable accueil, son inépuisable bonté,
et comme vous vous plaisiez à répéter :
« Quel bon cœur que Monsieur Paul ! »

« Ce cher ami rêvait plus encore. Bien
au courant du terrible problème social qui
trouble actuellement les esprits, il s'ingé-
niait à en poursuivre la solution, et voulait
étendre son apostolat bien au-delà de Rue.
Il était si enviable de s'élancer, soldat du
Christ, sur les pas du comte de Mun, de
l'infatigable abbé Garnier, et de se faire à
son tour l'ardent propagateur des magni-
fiques enseignements que vient de faire
entendre à tout l'univers la plus haute autorité spirituelle de ce monde. Mais Dieu
en avait autrement décidé, et de plus
brillantes destinées attendaient notre ami.

« Le 5 avril dernier, Paul du Broutel
quittait la terre, échangeant ses joies et ses
vanités éphémères contre les joies et l'éter-
nelle possession du ciel. Il les avait depuis
longtemps méritées par sa parfaite soumission à la volonté divine, par l'acceptation

du calice de douleurs jusqu'à épuisement, et il s'est endormi, comme il a vécu, l'âme pleine d'innocence et d'amour pour le bien. Il recueille au ciel le prix de ses larmes et de ses sacrifices.

« Nos cœurs aiment à vous y contempler, cher enfant, que nous avons beaucoup aimé ; notre ferme espoir est de vous y rejoindre, et mes cheveux blancs, en m'avertissant que cette heure sonnera bientôt pour moi, me rendent encore plus chère cette chrétienne et invincible espérance.

TABLE DES MATIÈRES